Eberhard G. Fehlau

30 Minuten

Selbstsabotage

Bibliografische Information der Deutschen Nationalbibliothek

Die Deutsche Nationalbibliothek verzeichnet diese Publikation in der Deutschen Nationalbibliografie; detaillierte bibliografische Daten sind im Internet über http://dnb.d-nb.de abrufbar.

Umschlaggestaltung: die imprimatur, Hainburg
Umschlagkonzept: Martin Zech Design, Bremen
Lektorat: Eva Gößwein, GABAL Verlag GmbH, Offenbach
Satz: Zerosoft, Timisoara (Rumänien)
Druck und Verarbeitung: Salzland Druck, Staßfurt

Hinweis:
Das Buch ist sorgfältig erarbeitet worden. Dennoch erfolgen alle Angaben ohne Gewähr. Weder der Autor noch der Verlag können für eventuelle Nachteile oder Schäden, die aus den im Buch gemachten Hinweisen resultieren, eine Haftung übernehmen.

Printed in Germany

ISBN 978-3-86936-563-3

In 30 Minuten wissen Sie mehr!

Dieses Buch ist so konzipiert, dass Sie in kurzer Zeit prägnante und fundierte Informationen aufnehmen können. Mithilfe eines Leitsystems werden Sie durch das Buch geführt. Es erlaubt Ihnen, innerhalb Ihres persönlichen Zeitkontingents (von 10 bis 30 Minuten) das Wesentliche zu erfassen.

Kurze Lesezeit

In 30 Minuten können Sie das ganze Buch lesen. Wenn Sie weniger Zeit haben, lesen Sie gezielt nur die Stellen, die für Sie wichtige Informationen beinhalten.

- Alle wichtigen Informationen sind blau gedruckt.

- Schlüsselfragen mit Seitenverweisen zu Beginn eines jeden Kapitels erlauben eine schnelle Orientierung: Sie blättern direkt auf die Seite, die Ihre Wissenslücke schließt.

- *Zahlreiche Zusammenfassungen innerhalb der Kapitel erlauben das schnelle Querlesen.*

- Ein Fast Reader am Ende des Buches fasst alle wichtigen Aspekte zusammen.

- Ein Register erleichtert das Nachschlagen.

Inhalt

Vorwort

Die Angestellte, die in der Gehaltsverhandlung mit ihrem Chef die „falschen“ Worte findet; der Elfmeterschütze, der sich der Bedeutung seines Torschusses bewusst wird und vor Aufregung in den Rasen tritt; der Tourist, der leichtfertig in Sandalen einen Berg besteigen will und sich bei einem Sturz schwer verletzt; der ambitionierte Mitarbeiter, der Karriere machen will und aufgrund der vielen Dienstreisen und Überstunden seine Ehe ruiniert – die Reihe ähnlicher Alltagserfahrungen ließe sich mit Sicherheit beliebig fortsetzen. Zunächst unerklärlich, werden diese Phänomene von den einen mit Sachzwängen oder auch Pech begründet, andere sprechen hingegen von Selbstsabotage.

Das unfreiwillige Scheitern kurz vor dem angestrebten Ziel kann im beruflichen wie privaten Kontext für viele von uns zu einem existenziellen Problem werden. Woran aber liegt es, dass sich jemand trotz bester Rahmenbedingungen und optimaler Vorbereitung seiner Erfolgschancen beraubt?

Dieses Buch beschreibt anhand zahlreicher Beispiele aus dem beruflichen wie privaten Alltag mögliche Ursachen von Selbstsabotage. Doch dabei bleibt es nicht: Als Leser* erfahren Sie auch, welche Ansatzpunkte es gibt,

---

* Hinweis: Wenn in diesem Buch aus Gründen einer besseren Lesbarkeit lediglich die männliche Sprachform gewählt wurde, so sind selbstverständlich immer Männer wie Frauen gemeint.

um der Selbstsabotage vorzubeugen und eine daraus resultierende Selbstschädigung zu verhindern.
Jeder Mensch – unabhängig von Alter, Geschlecht oder beruflicher Tätigkeit – kann in eine Situation geraten, in der er versucht ist, sich unbewusst selbst zu schädigen. Auch Sie werden deshalb immer wieder innehalten müssen, um Ihre Denkmuster und Einstellungen, Ihre Wahrnehmung und Entscheidungsfindung (selbstkritisch) zu hinterfragen. Nur so wird es gelingen, zur Selbstsabotage führende Verhaltensweisen zu vermeiden. Dieses Buch soll dabei eine Hilfe sein.
In diesem Sinne wünsche ich Ihnen eine anregende und ermutigende Lektüre!

Ihr
Eberhard G. Fehlau

Kontakt: www.fehlau-consulting.de

30 MINUTEN

1. Das Phänomen Selbstsabotage

Der Wunsch, einer Aufgabe oder einem anderen Menschen gerecht zu werden, begleitet uns von Kindesbeinen an: Ob in der Schule oder im Verein, in der Lehre oder im weiteren Berufsleben – ständig versuchen wir, bestimmte Ansprüche zu erfüllen und Ziele zu erreichen. Um Aufmerksamkeit zu bekommen und Anerkennung zu erfahren, Karriere zu machen und Erfolg zu haben, tun wir eine ganze Menge: Wir absolvieren langjährige und mühevolle Ausbildungen, nehmen für Beruf und Partnerschaft nicht nur Ärger und Konflikte in Kauf, sondern investieren auch „Herzblut“, Geld und Zeit. Und in den meisten Fällen mit Erfolg.

Was aber passiert bei Misserfolgen und Niederlagen? Nehmen wir es hin, keinen Erfolg zu haben? Versuchen wir aus Fehlern zu lernen? Suchen wir nach möglichen Ursachen und negativen Einflüssen? Gibt es besondere Fallstricke und Stolpersteine, auf die es in Zukunft zu achten gilt?

1.1 Unser Eigenanteil am Misserfolg

Viele Menschen suchen zunächst nach Gründen, die außerhalb ihres persönlichen Einflussbereiches liegen. Da werden für die schlechte Benotung einer Prüfung die schwierigen Fragen verantwortlich gemacht oder der ausbleibende Karriereschritt mit einer schlechten Personalpolitik des Arbeitgebers begründet. Tatsächlich verhindern in vielen Fällen schlechte Rahmenbedingungen den persönlichen Erfolg – aber nicht immer sind es die externen Einflüsse, die ein persönliches Scheitern verursachen. Insofern ist es sinnvoll, auch die eigene Einstellung und das eigene Verhalten zu hinterfragen.

Kritische Selbstreflexion

Manche Menschen tun dies rational und durchaus selbstkritisch: Vor dem Hintergrund einer schlechten Prüfungsleistung fragen sie sich beispielsweise zu Recht, ob

- sie wirklich den gesamten Prüfungsstoff gelernt oder vielleicht doch etwas zu viel „Mut zur Lücke“ bewiesen haben.
- es nicht sinnvoller gewesen wäre, den Lernerfolg durch Wiederholungen der Inhalte abzusichern.
- eine bessere Zeiteinteilung nicht doch mehr Konzentration zugelassen und so für einen höheren Lernerfolg gesorgt hätte.

- der Kinobesuch am Vorabend der Prüfung und die wenigen Stunden Schlaf ein Fehler waren.
- die zu späte Anfahrt für zusätzlichen Stress gesorgt hat.

Meist können die Betroffenen durch eine solche Selbstreflexion schnell erkennen, wie groß ihr Eigenanteil am Misserfolg gewesen ist. Nicht immer lassen sich jedoch die entscheidenden Ursachen identifizieren. Oft werden trotz intensiver Suche und sorgfältiger Analyse nicht mal Anhaltspunkte erkennbar. Zu Recht stellt sich deshalb die Frage, ob nicht im Verborgenen liegende Gründe ausfindig zu machen sind. Neigen viele Menschen vielleicht zur Selbstschädigung, ohne es zu wissen?

Selbstschädigendes Verhalten

Die Psychologie hat sich in den letzten Jahrzehnten intensiver mit diesem lange Zeit unterschätzten Phänomen menschlichen Verhaltens beschäftigt. Zwei Themenfelder sind dabei als selbstschädigendes Verhalten in den Fokus der Aufmerksamkeit gerückt:

- Einerseits das selbstzerstörerische Verhalten im Zusammenhang mit der als Borderline-Syndrom beschriebenen Persönlichkeitsstörung.
- Andererseits aber auch die im Rahmen normalen Alltagshandelns vorkommenden Verhaltensweisen, durch die sich Menschen selbst schaden und unbeabsichtigt um ihren Erfolg bringen.

Angesichts der Schwere des selbstzerstörerischen Handelns von Borderline-Betroffenen soll an dieser Stelle auf eine Diskussion der im Zusammenhang mit dieser Persönlichkeitsstörung – definiert im DSM-V (Diagnostic and Statistical Manual of Mental Disorders) – auftretenden Verhaltensweisen bewusst verzichtet werden. Im Zentrum der weiteren Ausführungen stehen vielmehr die weniger dramatischen und eigentlich unspektakulären Handlungen, die allerdings persönliche Erfolge dennoch torpedieren und häufig in Niederlagen münden.

Selbstsabotage

In Abgrenzung zur Sabotage – dem Versuch, eine andere Person daran zu hindern, ihre Ziele zu erreichen – fasst die Selbstsabotage solche Denkmuster und Handlungsweisen zusammen, die der eigenen Person schaden und diese vom Erreichen selbst gesetzter Ziele bzw. persönlicher Erfolge abbringen. Anders formuliert: Selbstsabotage beschreibt Verhaltensweisen, die auftreten, weil Menschen sich gewollt oder ungewollt zu ihren Ungunsten entscheiden.

Menschen sind in ihrer Persönlichkeit ebenso verschieden und vielschichtig wie in ihrem Handeln. Ihnen allen ist jedoch gemein, dass weniger sachliche Argumente als vielmehr persönliche Erfahrungen und Emotionen handlungsleitend sind. Nur wenigen gelingt es nämlich, ihre Emotionen zu zügeln. Häufig nehmen die Gefühle überhand und bestimmen Wahrnehmung und Entscheidungsfindung. Die Werbung liefert dafür zahlreiche Beispiele; wenn etwa mit einer Kampagne Sehnsüchte (nach dem Motto: „Sex sells") angesprochen werden, dann gerät das sachliche Abwägen der Vor- und Nachteile einer Kaufentscheidung schnell in den Hintergrund.

Allerdings gibt es auch Zeitgenossen, die ihr Handeln im Sinne einer Gegenüberstellung von Gewinnen und Verlusten kalkulieren. Lohnt sich für sie ein bestimmtes Handeln, so wird selbstschädigendes Verhalten mit seinen ungünstigen Folgen als unvermeidbares Risiko mit einkalkuliert. Angesichts einer solchen Güterabwägung kann es dazu kommen, dass selbst ein kurzfristiger Nutzen längerfristigen Schaden zu rechtfertigen scheint. Beispiel:

Auch wenn Herr Mustermann auf der Weihnachtsfeier den ein oder anderen Glühwein mit seinem Chef getrunken hat, so macht er sich dennoch anschließend mit seinem Auto auf die Heimfahrt. Die Möglichkeit, seinen Führerschein zu verlieren oder gar unter Alkoholeinfluss einen Unfall zu verursachen, nimmt er als kurzfristiges Risiko in Kauf – angesichts des für seine Karriere mittelfristig sicher förderlichen Zusammenseins mit seinem Vorgesetzten stellt das Risiko für Herrn Mustermann kein wirkliches Problem dar.

Die folgende Checkliste – auch wenn sie nicht den wissenschaftlichen Standards entspricht – soll dabei helfen, eine mögliche Neigung zur Selbstsabotage aufzudecken:

Selbst-Check: Neigung zur Selbstsabotage

Bewerten Sie die folgenden Aussagen, indem Sie eine Punktzahl zwischen 1 (= stimme voll zu) und 6 (= stimme nicht zu) vergeben:

1. Ich stehe gerne auch mal im Mittelpunkt des Geschehens.
2. Manchmal nehme ich die Dinge auf die leichte Schulter.
3. Mir ist es wichtig, anderen Menschen zu gefallen.
4. Ich schaffe es nur selten, Nein zu sagen.
5. Ich kann mich über meine Erfolge nie so richtig freuen.
6. Unangenehmes erledigt sich manchmal auch von alleine.
7. Ich mache mich bei vielen Gelegenheiten selbst schlecht.
8. Ich gehe gerne auch mal ein Risiko ein.
9. Andere sind meist erfolgreicher als ich.
10. Kritik kann sehr verletzend sein.
11. In jedem Horoskop steckt ein Funke Wahrheit.
12. Erfolge sind für mich selbstverständlich – über Niederlagen rege ich mich auf.
13. Es wäre schön, wenn ich all das schaffen würde, was ich mir vornehme.
14. Wenn ich zunächst etwas Negatives erwarte, dann kann ich nur positiv überrascht werden.
15. Ich habe Angst, andere könnten auf meinen Erfolg neidisch sein.
16. Ich lebe im Hier und Jetzt – was in zwei Jahren ist, kann ich nicht wissen.
17. Ich mag es nicht, von anderen Menschen beobachtet zu werden.

Zur Auswertung summieren Sie die Punktzahl der einzelnen Aussagen. Umso niedriger die Gesamtsumme ausfällt, desto anfälliger sind Sie für Selbstsabotage; je höher die Punktzahl, desto geringer ist die Gefahr selbstschädigenden Verhaltens. Konkret:

- Unter 35 Punkte: Selbstsabotage ist für Sie ein ernst zu nehmendes Problem.
- 35 – 85 Punkte: Die Lektüre dieses Buches kann Sie davor bewahren, dass Sie sich in vielen Lebensbereichen zu Ihren Ungunsten entscheiden.
- Über 85 Punkte: Die Gefahr selbstschädigenden Verhaltens ist für Sie eher gering.

In Abgrenzung zur Sabotage – dem Versuch, bestimmte Ziele einer anderen Person zu verhindern – bezeichnet die Selbstsabotage Denkmuster und Handlungsweisen, die der eigenen Person schaden und diese vom Erreichen selbst gesetzter Ziele bzw. persönlicher Erfolge abbringen.

1.2 Denkmuster, die in die Sackgasse führen

Denkmuster sind regelmäßig im Zusammenhang mit bestimmten Menschen oder Situationen wiederkehrende Gedankengänge. Wenn sich Menschen etwa um ihre Zukunft sorgen, dann kreisen ihre Gedanken in der Regel immer um die gleichen Themen: Gesundheit und Partnerschaft, Beruf und Karriere.

Das „Johari-Fenster"

Welche Denkmuster unserem Verhalten – und damit auch einer möglichen Selbstsabotage – zugrunde liegen, hängt von der individuellen Persönlichkeit, biografischen Erfahrungen und Zukunftsplänen, der aktuellen Lebenssituation und dem sozialen Umfeld ab. Aufschluss geben unter anderem die Arbeiten der beiden amerikanischen Psychologen Joseph (= Jo) Luft und Harry (= har) Ingham (= i) (1955, 1990). Anhand des von ihnen konzipierten „Johari-Fensters" lassen sich Denk- und Handlungsmuster jedes Verhaltens idealtypisch in vierfacher Weise differenzieren:

Authentisches Handeln	**„Blinder Fleck"**
Privatsphäre	**Unbewusstes Handeln**

Abb. 1: Das „Johari-Fenster"

Authentisches Handeln:
Das authentische Handeln ist der Verhaltensbereich, den jeder von uns – unbeeinflusst von Ängsten und Vorbehalten – selbst steuert und der unserem sozialen Umfeld bekannt ist und als glaubwürdig empfunden wird. Beispiel:
Herr Mustermann ist vergesslich. Er weiß um seine Schwäche und steht dazu. Auch die anderen Mitarbeiter wissen Bescheid und akzeptieren es, wenn ihr Kollege jeden Sachverhalt schriftlich dokumentiert.

„Blinder Fleck“:
Es gibt aber auch einen Verhaltensanteil, der uns – einem „blinden Fleck“ vergleichbar – nicht bewusst, anderen Personen aber durchaus bekannt ist. Beispiel:
Frau Mustermann hält sich für unwiderstehlich. Entsprechend locker sieht sie ihre Bewerbung auf eine hausinterne Stelle: „Natürlich wird das klappen, der Chef mag Blondinen“, lautet ihre Einschätzung. Doch die anderen Mitarbeiter wechseln vielsagende Blicke – sie wissen, wie falsch Frau Mustermann in ihrer Selbsteinschätzung liegt.

Privatsphäre:
Den Verhaltensbereich der Privatsphäre halten wir dagegen bewusst vor anderen verborgen. Manchen von uns wird deswegen auch ein „Doppelleben“ unterstellt. Beispiel:
Herr Mustermann versucht, den Ansprüchen an seine Arbeit gerecht zu werden. Die Bearbeitung aller Akten

schafft er allerdings nur selten während der regulären Arbeitszeit. Meist nimmt er „schwierige Fälle" über das Wochenende mit nach Hause. Dort kann er die Arbeit in aller Ruhe bewältigen – Hauptsache, die Kollegen bekommen nichts davon mit.

Unbewusstes Handeln:
Schließlich gibt es noch einen Verhaltensanteil, der weder uns selbst noch anderen Personen bewusst ist. Man spricht von Unbewusstem. Beispiel:
Frau Mustermann ist eine umgängliche Mitarbeiterin. Trotzdem hat sie seit einiger Zeit immer wieder Ärger mit ihrem Vorgesetzten, und dies aus nichtigen Gründen. Auch die Kollegen haben keine Erklärung für das konfliktträchtige Verhalten von Frau Mustermann. Vielleicht wird sie unbewusst durch das Erscheinungsbild ihres Vorgesetzten an ihren Ehemann erinnert, von dem sie sich erst vor Kurzem in einem turbulenten Rosenkrieg getrennt hat.

Selbstsabotage fördernde Denkmuster

Die im „Johari-Fenster" beschriebenen Denk- und Verhaltensmuster können unterschiedlich ausgeprägt sein. Eine selektive Selbstwahrnehmung sorgt dafür, dass wir nur bestimmte – meist die für unser Selbstwertgefühl positiven – Eigenschaften wahrnehmen; davon abweichende Informationen und Hinweise werden – bewusst oder unbewusst – ausgeblendet oder zu unserem Vorteil umgedeutet. So entsteht ein Selbst-

bild, das von den jeweiligen Herausforderungen, der aktuellen Situation und dem sozialen Umfeld beeinflusst ist.
Problematisch wird es vor allem dann, wenn dieser Eindruck weder bestätigt noch korrigiert wird. Wer sich selbst nicht realistisch einschätzen kann, läuft Gefahr, sein Denken und Handeln falsch auszurichten und sich dadurch letztlich auch um seine persönlichen Erfolge zu bringen.
Die Möglichkeiten, sich im Alltagshandeln selbst zu schädigen, sind überaus vielfältig. Folgende Systematisierung dient deshalb lediglich einer Übersicht. Wenigstens acht eine Selbstsabotage fördernde Denkmuster lassen sich unterscheiden:

1. Wunsch nach Aufmerksamkeit und Anerkennung:
Der übertriebene Wunsch nach Aufmerksamkeit und Anerkennung kann zur Selbstsabotage führen. Beispiel:
Um zu imponieren, sind es vor allem Männer, die etwa durch schnelles Autofahren ein erhöhtes Risikoverhalten an den Tag legen. Die Gefahr, zu verunglücken, wird dabei vernachlässigt. Ein möglicher Unfall bewirkt dann allerdings auch weniger Anerkennung, sondern eher Mitleid.

2. Selbstüber- oder -unterschätzung:
Selbstüber- oder -unterschätzung kann zur Selbstsabotage führen. Beispiel:

In der Absicht, sich ihre „körperliche Fitness" zu beweisen, überschätzen viele Menschen ihr Leistungsvermögen. Ohne größere Vorbereitung hat sich deshalb schon mancher untrainierte Läufer bei seinem ersten Marathon übernommen und um seine Erfolgsaussichten gebracht. Andere trauen sich dagegen bestimmte sportliche Leistungen gar nicht erst zu. Weil es ihnen nicht mal einen Trainingsversuch wert ist, kommen auch sie nicht in den Genuss möglicher Erfolgserlebnisse.

3. Glaubenssätze und Rituale:
Glaubenssätze und Rituale können zur Selbstsabotage führen: In einem oft chaotischen (Arbeits-)Alltag suchen jedoch viele Menschen in Glaubenssätzen und Ritualen Halt. Selbstschädigend wird dieses Veralten immer dann, wenn bestimmte Gewohnheiten zu einer Abhängigkeit führen. Beispiel:
Prophezeit die Lektüre des Horoskops für einen bestimmten Tag ein besonderes Unheil, so fühlen sich manche Menschen verängstigt und in ihren Handlungsoptionen negativ beeinflusst.

4. Geringes Selbstvertrauen:
Ein geringes Selbstvertrauen und ausgeprägte Selbstkritik können zur Selbstsabotage führen. Beispiel:
Wer schon vor einer Klausur an seiner Vorbereitung zweifelt und sich den erforderlichen Wissenserwerb nicht zutraut, wird mit Sicherheit auch in der entsprechenden Prüfung scheitern.

5. Auslassen von Chancen:
Das Auslassen von Chancen kann zur Selbstsabotage führen. Beispiel:
Viele Herausforderungen – ob am Arbeitsplatz oder im Privatleben – erfordern ein aktives Eingreifen und zeitnahes Handeln. Wer abwartet und zögert oder die Möglichkeit ignoriert, Einfluss zu nehmen, der darf sich nicht wundern, wenn er sich möglicher beruflicher wie privater Zukunftsperspektiven beraubt.

6. Übermäßige Vergnügungssucht:
Eine übermäßige Vergnügungssucht kann zur Selbstsabotage führen. Beispiel:
Im Gefühl besonderer Anspannung, vor allem bei Stress, sorgen viele Menschen mittels Alkohol, unkontrolliertem Essen und/oder Nikotingenuss für Entspannung. Auch wenn dies in bestimmten Situationen durchaus entlastend wirkt, trägt ein solches Verhalten dennoch dazu bei, die Gesundheit zu ruinieren und sich selbst zu schädigen.

7. Selbst gewählter Berufsstress:
Übertriebene Arbeitsbelastungen und selbst gewählter Berufsstress können zur Selbstsabotage führen. Beispiel:
Mit der Absicht, berufliche Karriere zu machen, sind viele Menschen bereit, sich mit großem Engagement und viel Zeit für ihr Unternehmen einzusetzen. Kein Wunder, wenn sie trotz guter Absicht dann keine Energie mehr für ihr Privatleben aufbringen und so das Scheitern ihrer Ehe sehenden Auges in Kauf nehmen.

8. Ungünstige soziale Beziehungen:
Kontakte zu den „falschen“ Personen können zur Selbstsabotage führen. Beispiel:
Wer hilfsbereit ist, macht sich beliebt, läuft unter Umständen aber Gefahr, bei jedem Problem als Ratgeber oder Zuhörer in Beschlag genommen zu werden. Da dies nicht nur Kraft, sondern auch Energie kostet, ist der Kontakt zu „Psychovampiren“ selbstschädigend.

Gemeinsam ist den meisten dieser Denkmuster, dass sie in der Regel nicht auf allgemeingültigen und haltbaren Erkenntnissen, sondern eher auf willkürlich ausgewähltem „Halbwissen“ beruhen. Um Alltagsrisiken und Ungewissheiten zu vermeiden, werden kritische und den eigenen Sehnsüchten widersprechende Informationen weitestgehend „ausgeblendet“ – und damit zugleich die Grundlagen für vielfältige Formen der Selbstsabotage gelegt.

30 ***Selbstsabotage beschreibt Denkmuster und Handlungsweisen, die der eigenen Person schaden und das Erreichen selbst gesetzter Ziele bzw. persönliche Erfolge verhindern.***
Ursächlich für die Entstehung destruktiver Handlungsweisen sind immer wieder auftauchende Denkmuster. Eine Systematik möglicher Denk- und Handlungsmuster bietet das „Johari-Fenster“. Es illustriert, dass sich bei Selbstsabotage bestimmte Verhaltensanteile zuungunsten anderer in ihrer

Bedeutung verschieben, z.B. „blinde Flecken" einen handlungsleitenden Stellenwert bekommen.
Typische Denkmuster, die Selbstsabotage begünstigen, sind der Wunsch nach Aufmerksamkeit und Anerkennung, Selbstüber- und -unterschätzung, Gewohnheiten, die zur Abhängigkeit führen, das Auslassen von Chancen, Vergnügungssucht, aber auch ein übermäßiger selbst gewählter Berufsstress und die „falschen" sozialen Kontakte.

30 MINUTEN

Warum schätzen wir Situationen oft falsch ein?

Seite 26

Warum neigen wir dazu, uns selbst zu verleugnen, wenn wir anderen gefallen wollen?

Seite 32

Warum mündet der Wunsch nach beruflichem Erfolg häufig in einer Selbstschädigung?

Seite 40

2. Möglichkeiten, sich selbst zu besiegen

Aus einer Vielzahl von Möglichkeiten, sich selbst zu schädigen, treten einige besonders häufig in Erscheinung. Allgemein bekannt sind die geborenen Pessimisten, denen jede Situation von vornherein aussichtslos erscheint, aber auch ihre Gegenspieler, nämlich Menschen, die die Welt durch eine rosarote Brille sehen und jede vernünftige Warnung in den Wind schlagen. Viele suchen Halt in Ritualen und Vorurteilen, ohne diese zu hinterfragen; andere setzen alles daran, ihren Mitmenschen zu gefallen, und vergessen sich dabei selbst. Manche Selbstsaboteure reden ihren eigenen Misserfolg herbei, wieder andere suchen das Gute im Schlechten und geraten so in einen Teufelskreis aus Stress und Sucht. Nicht zuletzt kann auch eine unbewusste Angst vor dem Erfolg zu verschiedenen Formen der Selbstsabotage führen. Sechs verbreitete Varianten der Selbstsabotage werden im folgenden Kapitel beschrieben und hinsichtlich ihrer Ausprägungen und Folgen unterschieden.

2.1 Die Realität leugnen

Menschen, die zur Selbstsabotage neigen, schätzen sich und ihr soziales Umfeld oft falsch ein. Meist fehlt es ihnen im Umgang mit anderen Menschen und in bestimmten Situationen an Erfahrung und Realitätssinn.

Über- und Unterschätzung

Zwei Ausprägungen dieser Art selbstschädigenden Verhaltens lassen sich unterscheiden:

Überschätzung des Gegenübers oder der Situation: „Keine Chance!" – vor dem Hintergrund dieser lapidaren Aussage überschätzen viele Menschen anstehende Herausforderungen und bringen sich damit um mögliche Erfolge. Die Absage einer bevorstehenden Prüfung, der fehlende Mut, sein attraktives Gegenüber anzusprechen, oder die Weigerung, Führungsverantwortung zu übernehmen – ein geringes Vertrauen in das eigene Können und zu viel Ehrfurcht vor neuen Anforderungen können die persönliche wie berufliche Entwicklung ausbremsen.

Unterschätzung des Gegenübers oder der Situation: „Et hätt noch immer jot jejange!" („Es wird schon gut gehen!") – dieser Kölner Lebensweisheit folgend relativieren viele Menschen Situationen, die sie besser ernst genommen hätten. Das Gespräch mit dem Vorgesetzten zur Gehaltsfindung, die nächtliche Durchquerung einer unbeleuchteten Parkanlage oder die Spontanwanderung im Hochgebirge – wer folgenreiche oder gar gefährliche Situationen auf die leichte Schulter nimmt, darf sich nicht wundern, wenn er von negativen Folgen – hier z.B. einer ausbleibenden Gehaltserhöhung, einem Überfall oder einer Erkältung wegen falscher Bekleidung – überrascht wird.

Ignoranz gegenüber Ratschlägen

Menschen, die nur weniges in ihrem Leben ernst nehmen, werden sich auch schwertun, auf die Erfahrungen und das Know-how kompetenter Ratgeber zurückzugreifen. Wer z.B. den Rat eines Bergführers in den Wind schlägt und trotz schlechten Wetters ins Gebirge aufbricht oder die Warnung des Hausarztes, nach einem Herzinfarkt das Rauchen aufzugeben, ignoriert, gefährdet nicht nur einen möglichen Erfolg, sondern womöglich sogar sein Leben. Beispiele dieser Art machen deutlich, dass die Ignoranz gegenüber Ratschlägen in vielen Fällen durchaus einer Selbstsabotage gleichkommt.

Diese Unwilligkeit, Hilfe anzunehmen, kann in verschiedenen, auch biografischen Erfahrungen begründet sein:

- Oft verzichten wir auf eine Unterstützung, um uns selbst – oder auch dem Partner, den Eltern oder Kollegen – zu beweisen, dass wir auch ohne die Hilfe anderer unsere Ziele erreichen.
- Vielleicht sind es aber auch schlechte Erfahrungen, die uns gegenüber anderen Menschen misstrauisch

gemacht haben. Dies gilt insbesondere für ungefragte Ratschläge, die manchmal eher Schlägen gleichen und weniger als nützliche Hinweise empfunden werden.

- Nicht zuletzt können andere Meinungen von uns als Kritik wahrgenommen werden und zur Verunsicherung beitragen. Die führt dann dazu, dass wir Anregungen und Rückmeldungen relativieren und selbst Warnungen nicht wirklich ernst nehmen.

Desinteresse an einem Feedback zu unserem Handeln nimmt uns sowohl die Chance, Fehler zu vermeiden, als auch die Möglichkeit, aus Fehlern zu lernen. Mehr noch: Ohne die Anstöße anderer Menschen erliegen wir schnell einer Selbsttäuschung.
Dies gilt etwa auch beim Auslassen von Chancen. Statt diese in ihrer Bedeutung zu erkennen und beim Schopfe zu packen – z.B. ein Stellenangebot anzunehmen –, glaubt der Selbstsaboteur, er würde ein solches Angebot jederzeit wieder bekommen. Auf diese Weise können sich Gleichmut („Nur kein Termindruck!“) und Selbstüberschätzung („So eine Stelle bekomme ich immer wieder angeboten!“) zu einer fatalen Verklärung der eigenen Lebenssituation ergänzen.

30 *Menschen, die sich und ihr soziales Umfeld falsch einschätzen, fehlt es oft an Erfahrung und Realitätssinn. Ratschlägen gegenüber sind sie misstrauisch. Die Folgen: Sie nehmen ihre Lebens-*

situation verklärt oder verzerrt wahr. Dies äußert sich zum Beispiel in der Über- oder Unterschätzung bestimmter Personen oder Situationen.

2.2 Halt suchen: von Glaubenssätzen und Ritualen

Um bei der Beurteilung von Menschen und Situationen nicht mühsam eine Vielzahl von Informationen sichten zu müssen, neigen wir dazu, bestimmte Sachverhalte lediglich aus einer einzigen Perspektive wahrzunehmen. Verstärkt wird entsprechendes „Schubladendenken“ durch

- Glaubenssätze, das heißt Erfahrungen und Regeln, die für einen Menschen unbedingten Bestand haben (z.B. „Ich habe nie um etwas kämpfen müssen – was nicht ist, ist eben nicht!“), sowie
- Rituale, also unreflektierte und wiederkehrende Gewohnheiten (z.B. die routinemäßig jeden Montag stattfindende Dienstbesprechung).

Orientierung anhand von Vorurteilen

Wehe, wenn jemand solche Regeln und Routinen durchkreuzt. Eine geänderte Abfolge bestimmter Handlungen kann beispielsweise schnell zu Irritationen führen und verunsichern. Entsprechende Orientierungsmuster sollen das verhindern – auch auf die Gefahr hin, dass wir dadurch in unserer Aufmerksamkeit nachlas-

sen und Menschen wie Situationen womöglich falsch beurteilen.
Vorurteile, die auf diese Weise entstehen, sind eine weitverbreitete, allerdings auch gefährliche Form der Selbstsabotage, wie das folgende Beispiel veranschaulicht:
Frau Mustermann hat Überstunden gemacht und will schnell nach Hause. Auf dem Flur begegnet sie einer lässig gekleideten dunkelhäutigen Frau. „Der Papierkorb ist voll, dass Sie mir den auch leeren!", raunzt sie die Frau im Vorbeigehen an. – Zwei Tage später hat Frau Mustermann ein Mitarbeitergespräch bei ihrem Vorgesetzten. Als nicht dieser, sondern eine dunkelhäutige Frau sie in das Chefzimmer hereinwinkt, ist Frau Mustermann irritiert: „... und ich dachte ..." „... das ist meine neue Chefin", ergänzt diese und grinst.

Verantwortung abgeben
Solche Fehleinschätzungen sind oft folgenreich. Nur selten führen sie zum Erfolg. Und tritt dieser nicht ein, so wird die Verantwortung für das eigene Handeln schnell abgegeben: „Die Ausgangslage war schwierig", „Die anderen sind schuld", „Das war die Macht des Schicksals", heißt es dann.
Selbstsabotage bedeutet in diesem Zusammenhang, auf die eigenen Handlungsmöglichkeiten zu verzichten und sie anderen Mächten zu überantworten. Das Ergebnis einer Klausur oder die erste Arbeitsstelle liegen dann nicht mehr im persönlichen Einfluss- und Verant-

wortungsbereich, sondern werden von nicht beeinflussbaren Kräften bestimmt: Freitag, der 13., oder auch das schlechte Wetter gehören zu den häufigsten Ausreden dieser Art.
Wer sich etwa von den Voraussagen eines Horoskops in seinem Verhalten abhängig macht, kann unbewusst eine Doppelstrategie verfolgen:

- Geht die Situation positiv aus, so kann er darauf verweisen, die im Horoskop genannten Zeichen der Zeit „richtig" erkannt und mächtige Verbündete im Rücken zu haben.
- Geht die Situation schlecht aus, so kann er von der eigenen Verantwortung ablenken und darauf verweisen, dass die Zeit laut Horoskop noch nicht „reif" war und das Schicksal es anders meinte.

„Entscheidungshilfen" dieser Art werden vor allem dann zur Selbstsabotage, wenn sie als Wahrnehmungsfilter dienen und eine kritische Auseinandersetzung überflüssig erscheinen lassen.

Viele Menschen nutzen Wahrnehmungsfilter und suchen Halt in Glaubenssätzen und Ritualen. Als selbstschädigende Folgen dieser Denkmuster erweisen sich Ausreden und Fehleinschätzungen ebenso wie „Schubladendenken" und das Verfestigen von Vorurteilen.

2.3 Sich selbst vergessen, um anderen zu gefallen

Das Bedürfnis, anderen zu gefallen, ist für das zwischenmenschliche Miteinander unabdingbar. Wer beispielsweise rücksichtslos oder ungepflegt anderen Menschen gegenübertritt, wird kaum mit großer Akzeptanz oder Zuneigung rechnen können. Was aber, wenn der Wunsch nach sozialer Anerkennung übermächtig wird und das eigene Verhalten bestimmt?
Ob es die Eltern sind oder die Gruppe der Gleichaltrigen, der Chef oder der Lebenspartner – die meisten Menschen versuchen in fast jeder Lebenssituation, den Ansprüchen und Wünschen ihres sozialen Umfeldes gerecht zu werden. Und dies zu einem oft hohen Preis: Indem sie sich um die Wünsche und das Wohlergehen anderer kümmern, stellen sie ihre eigenen Bedürfnisse meist hinten an.

Helfersyndrom

Dies gilt beispielsweise auch für das vom Psychotherapeuten Schmidbauer (1977) beschriebene Helfersyndrom. Danach kann eine vor allem in sozialen Berufen (z.B. bei Ärzten, Lehrern, Pflegepersonal) häufig anzutreffende Fürsorge bis hin zur Selbstverleugnung übertrieben werden. Meist ist eine solche Selbstlosigkeit keine freiwillige Entscheidung – gar nicht so selten wollen Menschen anderen helfen, um ihr eigenes Selbstwertgefühl abzusichern.

Abhängigkeit vom Urteil anderer

Der Wunsch, sich auf diese Weise gut zu fühlen, schafft jedoch eine besondere – selbstschädigende – Abhängigkeit vom Urteil bestimmter Meinungsführer. Das folgende Beispiel macht dies deutlich:

Nach erfolgreicher Bewerbung erscheint Herr Mustermann an seinem Arbeitsplatz. Seine roten Socken und die Micky-Maus-Krawatte sind für ihn ein Ausdruck seiner Individualität. Die Kollegen reagieren anfangs belustigt, später missbilligend. Um nicht zum Außenseiter zu werden, passt sich Herr Mustermann in der Folgezeit seinen Kollegen an. Er verzichtet von nun an auf jede persönliche Note seiner Kleidung und bekommt dafür positive Rückmeldungen aus dem Kollegenkreis – in den gedeckten Farben seines Anzugs fühlt er sich allerdings sichtbar unwohl.

In den meisten Fällen hat das übermäßige Bedürfnis, zu gefallen, mit Erfahrungen von Missbilligung und „Liebesentzug" in der Kindheit zu tun. Kinder, die vom Urteil ihrer Eltern oder Lehrer abhängig sind, versuchen es diesen möglichst recht zu machen. Nur so können sie Anerkennung erfahren und Ablehnung vermeiden. Wird dieses Prinzip verinnerlicht, dann findet es ebenso im Erwachsenenalter am Arbeitsplatz seine Anwendung: Auch gegenüber ihrem Chef wollen diese Menschen nicht negativ auffallen und deshalb dessen Anforderungen erfüllen. Konsequenz: Sie verzichten auf eigene Ansprüche und schädigen sich auf mittlere Sicht selbst.

Einseitige Informationssuche

Wer sich selbst misstraut, ist in besonderem Maße an Bestätigung und Zustimmung interessiert. Dies spiegelt sich insbesondere in der Neigung wider, zur Entscheidungsfindung in erster Linie solche Informationen heranzuziehen, die die eigenen Erfahrungen bestätigen. Indem eine solche Einseitigkeit bei der Informationssuche, -auswahl und -interpretation zu unrealistischen Selbst- und Situationseinschätzungen verleitet, trägt sie zur Selbstsabotage bei.

Eigene Bedürfnisse ernst nehmen

Wer sich vor diesen Denk- und Handlungsmustern schützen will, sollte sich verstärkt um die eigenen Bedürfnisse kümmern und die persönliche Interessenlage nicht außer Acht lassen.

Selbst-Check: Eigene Bedürfnisse ernst nehmen

Welchen Stellenwert hat/haben Ihre ...

- Gesundheit, also Ihr körperliches und seelisches Wohlbefinden?
- Arbeitszufriedenheit, also Ihr tätigkeitsspezifisches Interesse und Engagement, Ihre Vorgesetzten und Kollegen, das Betriebsklima und das Ansehen Ihres Arbeitgebers?
- Berufsperspektiven, also Ihre persönlichen Karriereambitionen und Zukunftsperspektiven?
- Finanzsituation, also Ihre Einkommens- und Vermögensverhältnisse?

- Partnerschaft, also Ihr Familienbezug oder eine verlässliche Zweisamkeit?
- sozialen Kontakte, also Ihr Freundes- und Bekanntenkreis?
- Hobbys und Möglichkeiten zur Erholung und Freizeitgestaltung?
- persönlichen Visionen, also wie und unter welchen Bedingungen Sie Ihre Zukunft gestalten wollen?

Das übermäßige Bedürfnis, zu gefallen, reicht von der Kindheit bis ins Erwachsenenalter. Oft steckt der Wunsch dahinter, das eigene Selbstwertgefühl abzusichern. Führt dies allerdings dazu, sich selbst zu verleugnen, so sind die Folgen problematisch und selbstschädigend; z.B. bei der als „Helfersyndrom" bezeichneten übermäßigen Fürsorge und Unterstützung für andere Menschen. 30

2.4 Selbstaufmerksamkeit und die Angst vor dem Erfolg

„Das Leben ist kein Ponyhof" – manche Menschen umschreiben damit, dass das Leben mühsam ist und für sie scheinbar nur wenige Glücksmomente bereithält. Wer positive Erlebnisse nicht gewohnt ist, hat meist weniger Angst vor dem Versagen als vor dem Erfolg. Erfolgreich zu sein kann zu einer Bürde werden. Erfolg bringt uns dazu, aus der Masse herauszutreten und plötzlich in der Öffentlichkeit zu stehen. Wir finden es dann unangenehm, uns möglicherweise für unseren Erfolg rechtfertigen zu müssen. Vielleicht gibt es nämlich gar keine nachvollziehbaren Gründe, die z.B. einen Sieg im Sport erklären. Mehr noch: Glück und Zufall, die zum Erfolg führen und Mitbewerber zu Verlierern machen, können zu Schuldgefühlen führen. Der Gefahr, dass andere Personen dann schlecht von uns denken, wollen wir mit allen Mitteln begegnen; auch durch Selbstsabotage.

Sich selbst wahrnehmen

Die Angst vor dem Erfolg lässt viele von uns – eher unbewusst – über die Folgen eines möglichen Scheiterns nachdenken. Die uns zuteilwerdende Aufmerksamkeit sorgt dafür, dass wir uns gedanklich weniger mit der zu erledigenden Aufgabe als mit den an uns herangetragenen Erwartungen und Reaktionen des sozialen Umfeldes beschäftigen. Eine solche Selbstaufmerksamkeit lenkt ab und ist im Hinblick auf einen möglichen Erfolg kontraproduktiv, was beispielsweise das folgende Szenario veranschaulicht:

Die Mannschaft steht im Pokalfinale und bekommt kurz vor Spielende einen Elfmeter zugesprochen. Spieler Mustermann soll schießen. Schon legt er sich den Ball zurecht – und wird sich urplötzlich seiner ganzen Verantwortung bewusst: Was passiert, wenn er den Siegtreffer erzielt? Millionen Fernsehzuschauer werden triumphieren, der Vereinsboss wird ihn in den Arm nehmen, Trainer und Mitspieler werden ihm um den Hals fallen, sein Name

wird in allen Zeitungen zu lesen sein, endlich wird der Verein finanziell in die Lage versetzt, einen Top-Spieler zu verpflichten. In diesem Bewusstsein läuft der Spieler Mustermann an – und tritt in den Rasen ...
Dieses Beispiel zeigt, dass es nicht immer die Einflüsse von außen sind, die uns von einem möglichen Erfolg abhalten, sondern sehr oft auch die eigenen Denkmuster.

„Aufschieberitis"

Selbstsabotage kann in vielen Situationen ebenso durch Handlungsaufschub entstehen. Indem wir weniger wichtige Tätigkeiten unangenehmen Aufgaben – z.B. den Abwasch einer notwendigen Prüfungsvorbereitung – vorziehen, werden nicht nur bestimmte Unannehmlichkeiten, sondern auch mögliche Erfolge aufgeschoben. Diese „Aufschieberitis" – fachlich Prokrastination genannt – kann auch als unbewusster Versuch interpretiert werden, grundlegende Veränderungen in der gewohnten Alltagsroutine zu verhindern. Diesem Vorgehen können berufliche wie private Erfolgsperspektiven zum Opfer fallen, wie folgendes Beispiel zeigt:
Scheut ein Student nach bestandener Prüfung den Eintritt in das ungewisse Berufsleben, so versucht er, die Abschlussklausur so lange wie möglich zu meiden. Oder: Will ein junger Mann den lockeren Lebensstil seines Junggesellendaseins nicht aufgeben, so wird er seine Freundin bei der Frage nach einer verbindlichen Partnerschaft vertrösten – und diese damit unter Umständen verlieren.

Self-Handicapping

Eine weitere Form der Selbstsabotage findet durch Self-Handicapping statt. Zum Schutz des Selbstwertgefühls geht es dabei darum, sich bewusst zu immunisieren gegenüber eigenen wie fremden Ansprüchen. Konkret bedeutet das: Indem die eigene Leistung(sfähigkeit) durch ein selbst benanntes Handicap – z.B. eine Erkältung, einen neuen Arbeitsbereich oder besonderen Zeitdruck – geschmälert wird, werden selbst negative Rückmeldungen erträglich. Self-Handicapping könnte zum Beispiel so ablaufen:

Herr Mustermann muss als junger Berater für seinen erkrankten Kollegen einspringen. Er hat die schwierige Aufgabe, die Ergebnisse einer umfangreichen Studie zu präsentieren. Instinktiv weist Herr Mustermann vor Beginn seines Vortrages darauf hin, dass die Vorbereitungszeit sehr kurz war und dass ihm in Bezug auf einige Aspekte das Detailwissen fehlt. So gelingt es ihm – egal wie seine Präsentation letztlich ausfallen wird –, sich selbst in ein gutes Licht zu rücken.

Konkret heißt dies: Im Falle ...

- eines gelungenen Auftritts wird dieser aufgrund des bekannten Handicaps zu einem doppelten Gewinn, z.B. wenn es heißt: *„Ein toller Vortrag, vor allem auch angesichts der kurzen Vorbereitungszeit!"*
- eines misslungenen Auftritts wird man wegen des bekannten Handicaps die Kritik mit Sicherheit relativieren, z.B. wenn es heißt: *„Schade, aber angesichts der kurzen Vorbereitungszeit ..."*

Auf diese Weise lässt sich ein Versagen ohne Weiteres dem Handicap zuschreiben. Durch diesen Zuschreibungsgewinn kann somit (fast) jeder Akteur sein Gesicht wahren.
Auch Understatements, z.B. in Form von Floskeln wie „Ich bin auf diesem Gebiet kein Fachmann“, „Ich tue mich schwer damit …“ oder „Sie werden es mir nachsehen …“, können dazu beitragen, schon vorab mögliche Einwände oder Kritik abzuschwächen.
Self-Handicapping – auch wenn es auf den ersten Blick erfolgreich erscheint – schädigt jedoch durch das Negieren der eigenen Leistung auf mittlere Sicht das Selbstwertgefühl. Zudem verhindert es eine ernsthafte Auseinandersetzung mit konstruktiver Kritik. Insofern steht es einem nachhaltigen Erfolg im Wege.

Wer positive Erlebnisse nicht gewohnt ist, hat meist weniger Angst vor dem Versagen als vor dem Erfolg. Für diese Menschen können Glücksmomente oder das Erreichen von Zielen zu einem besonderen Rechtfertigungsdruck oder auch zu Schuldgefühlen führen. Um sich diesen gegenüber zu immunisieren, kommt es häufig zur Selbstsabotage, etwa in Form von „Aufschieberitis“ oder Self-Handicapping. 30

2.5 Stress und Sucht: das Gute im Schlechten suchen

Das Arbeitsleben bietet eine Reihe von Versuchungen, sich selbst zu schädigen. Ausgangspunkt sind dabei die gestiegenen Anforderungen und der Druck, immer mehr, besser und schneller arbeiten zu müssen.
Um diesen Erwartungen zu entsprechen, sind viele Beschäftigte bereit, ihre Belastungsgrenzen auch zu ihren Ungunsten zu verschieben. Da werden sinnlose Tätigkeiten und regelmäßige Überstunden ebenso hingenommen wie unfaire Kollegen und überforderte Vorgesetzte. Stress mit all seinen Folgen – Ermüdung, Erschöpfung und Erkrankung – ist die Folge.

Wenn Arbeit zur Sucht wird

Wer seine Arbeitsstelle behalten oder gar Karriere machen möchte, kann sich dieser Entwicklung kaum entziehen. Wird ein Großteil des Selbstwertgefühls mit der beruflichen Situation verknüpft, so besteht die Gefahr der Überidentifikation. Arbeit kommt dann – meist unfreiwillig – für viele Beschäftigte einer Sucht gleich und kann so schnell zum alleinigen Lebensinhalt werden.
Wer viel arbeitet und gut bezahlt wird, genießt in unserer Wettbewerbsgesellschaft in der Regel ein hohes Ansehen. Je stärker der Wunsch nach sozialer Anerkennung und positiver Selbstdarstellung ist, desto größer die Gefahr einer als Arbeitssucht bezeichneten Abhängigkeit.

Merkmale einer entsprechenden Selbstschädigung werden unter anderem dadurch deutlich, dass ...

- bestimmte berufliche und/oder private Lebensziele nur mit einem Mehr an Arbeit zu erreichen sind.
- eine Reduktion des Arbeitseinsatzes und/oder -umfangs mit typischen Entzugserscheinungen (z.B. Aggressionen, Unausgeglichenheit) einhergeht.
- für die Arbeit mehr Zeit aufgebracht wird als unbedingt erforderlich.
- wiederholte Versuche, den Arbeitsumfang zu verringern, scheitern.
- zur Legitimation zusätzlicher Arbeit – wie auch zur Erholung – ein unverhältnismäßig hoher Aufwand betrieben wird.
- das maßlose Arbeiten zur Vernachlässigung oder auch zum Abbruch von wichtigen privaten Aktivitäten und sozialen Kontakten führt.

Herr Mustermann will einerseits den Ansprüchen seines Chefs genügen, andererseits durch sein besonderes Engagement aber auch Eindruck bei den Kollegen machen. Bis tief in die Nacht widmet er sich seiner Arbeit – seine Frau ist wenig begeistert. Obwohl Herr Mustermann damit seine Karrierechancen verbessert, ruiniert er zugleich seine Gesundheit – und auch seine Ehe „wackelt" ...
Dieses Beispiel macht deutlich, dass sich Arbeits- und sozialer Stress in vielen Fällen ergänzen. Wer etwa angesichts der beruflichen Belastungen auch noch versucht, den Rollenanforderungen eines idealen Lebens-

partners oder Familienmenschen gerecht zu werden, der läuft durchaus Gefahr, sich zu überfordern und somit trotz guter Absichten selbst zu schädigen.

Entspannung der falschen Art

Auch im Hinblick auf Erholung und Zerstreuung lässt sich am Beispiel zeigen, dass wir oft das Gute im Schlechten suchen:

Nach einem anstrengenden Arbeitstag sucht Herr Mustermann bei dem ein oder anderen Glas Wein Entspannung. „Was Montag guttut, kann Freitag nicht schlecht sein", denkt er. Immer öfter genießt er einen guten Tropfen in seiner Stammkneipe. Was anfänglich wirklich zur Entspannung beiträgt, wird mit der Zeit zur gesundheitsbelastenden Gewohnheit. Der Weg in die Abhängigkeit ist nicht mehr weit ...

Die ungesunden Chips vor dem Fernseher, ein leichtfertiger Seitensprung oder die rasante Spritztour in übermüdetem Zustand mit dem neuen Sportwagen ... kein Wunder, wenn solche Verhaltensweisen, deren Risiken für unsere Finanzen, Gesundheit oder Partnerschaft offensichtlich sind, zu den häufigsten Formen der Selbstsabotage zählen.

30 *Wer sein Selbstwertgefühl ausschließlich mit der beruflichen Situation verknüpft, läuft Gefahr, in eine Art Abhängigkeit zu geraten. Der Weg von einer Überidentifikation in die Arbeitssucht ist dann nicht mehr weit. Was zunächst als karriere-*

fördernd gilt, kann bestehenden Stress schnell erhöhen. Damit wird der Versuch, das Gute im Schlechten zu suchen, zu einer typischen Variante von Selbstsabotage.

2.6 Der ewige Loser – sich selbst misstrauen

Menschen, die sich selbst wertschätzen und ihrem Handeln besonderen Wert beimessen, besitzen in der Regel ein ausgeprägtes Selbstbewusstsein. Sie wissen, was sie wollen, und konzentrieren sich auf ihre Stärken. Mit aller Konsequenz verfolgen sie ihre Ziele und bestätigen durch Erfolge ihr positives Selbstwertgefühl. Indem sie aus einzelnen Rückschlägen lernen, bleibt der Glaube an sich selbst ungebrochen.
Anders ist es bei Menschen mit geringem Selbstwertgefühl. Ihre negative Selbsteinschätzung äußert sich z.B. in ständigem Grübeln, Selbstzweifeln oder Tagträumen. Meist haben sie Enttäuschungen und Niederlagen erlebt, die sie nicht vergessen können. Vor dem Hintergrund dieser Erfahrungen haben sie sich mit ihrer Verliererrolle mehr oder weniger abgefunden – für sie scheint es sich nicht (mehr) zu lohnen, Erfolge anzustreben.

Sich an die Opferrolle gewöhnen

Erfahrungen von Abhängig- und Machtlosigkeit engen das persönliche Verhaltensrepertoire ein – der amerikanische Psychologe Martin Seligman spricht in diesem Zusammenhang sogar von einer „erlernten Hilflosigkeit“ (1975, 1999). Danach gilt: Wer sich über Jahre hinweg an seine Opferrolle gewöhnt hat, der läuft Gefahr, sein Minderwertigkeitsgefühl zu verinnerlichen. Auf diese Weise berauben sich Betroffene selbst kleinerer Erfolgserlebnisse.

In Anlehnung an Paul Watzlawick (2009) beschreibt das folgende Beispiel eine solche Form der Selbstsabotage:

Ein Mitarbeiter will etwas schreiben. Im fehlt jedoch ein Kugelschreiber. Sein Kollege hat einen. Also beschließt er, sich diesen auszuborgen. Doch da kommen ihm Zweifel: „Was passiert, wenn der Kollege nicht bereit ist, den Stift zu verleihen? Gestern schon verhielt er sich distanziert und grüßte nur flüchtig. Vielleicht war er in Eile? Doch vielleicht war die Hektik nur vorgeschoben und er hat was gegen mich? Aber was? Ich habe ihm doch nichts getan; der bildet sich da bestimmt etwas ein! Wenn jemand von mir einen Kugelschreiber borgen wollte, ich gäbe ihn ihm sofort. Und warum er nicht? Wie kann er mir einen so einfachen Wunsch abschlagen? Solche Leute vergiften das Arbeitsklima. Und dann bildet er sich noch ein, ich sei auf ihn angewiesen. Bloß weil ich gerade etwas zum Schreiben brauche. Jetzt reicht's!“ – Und so stürmt er an den Schreibtisch seines Gegenübers. Noch bevor sein Kollege etwas sagen kann, faucht ihn der Mitarbeiter an: „Ich komme auch ohne Ihren Kugelschreiber zurecht. Sie Egoist.“

Selbsterfüllende Prophezeiungen

Bei diesem Beispiel handelt es sich um eine selbsterfüllende Prophezeiung (self-fulfilling prophecy). Als typische Form der Selbstsabotage beschreibt dieses Phänomen die Vorhersage sozialen Verhaltens, dessen Eigendynamik die Prophezeiung schließlich erfüllt. So liegt mancher gescheiterten Prüfung beispielsweise folgendes Muster zugrunde: Der Zweifel an seiner Prüfungsvorbereitung führt dazu, dass sich der Prüfling nicht konzentrieren kann und die erwartete Leistung tatsächlich nicht erbringt.

Menschen, die ihren eigenen Misserfolg herbeireden, vor allem aber – einem Alkoholiker gleich – sich von Negativem in den Bann ziehen lassen und abhängig machen, hat Chérie Carter-Scott (1992) treffend als Negaholiker bezeichnet. Diese Menschen haben sich ihren (Lebens-)Erfahrungen entsprechend mit ihrem Schicksal arrangiert. Veränderungen werden weniger als Chance, denn als Bedrohung empfunden. So wie etwa in folgendem Fall:

Frau Mustermann hat sich nach 10-jähriger Betriebszugehörigkeit an die sexuellen Anspielungen und cholerischen Wutausbrüche ihres Chefs gewöhnt. Sie findet das Betriebsklima unerträglich, weiß mittlerweile aber mit den Ausfällen ihres Vorgesetzten umzugehen. Die Folgen einer Kündigung sind für sie dagegen ungewiss und nicht zu überblicken ...

Obwohl Veränderungen neue Perspektiven böten, können sich Menschen ohne Selbstvertrauen kaum vorstellen, bestimmte Dinge in ihrem Leben zu hinterfragen oder gar aufzugeben. Selbst wenn sie merken, dass sie auf dem falschen Pferd sitzen, sind sie nicht in der Lage, umzusatteln.

30 ***Es gibt mehr Möglichkeiten, die eigenen Erfolge zu sabotieren, als Sie annehmen:***

- ***Wer sich selbst, andere Menschen oder Situationen falsch einschätzt und Ratschläge ignoriert, verspielt schnell seine Erfolgsaussichten.***
- ***Das Gleiche gilt für den, der vorschnell einfachen Glaubenssätzen folgt oder sich unreflektiert an Vorurteilen orientiert.***
- ***Auch das übertriebene Bedürfnis, zu gefallen, kann sich als selbstschädigend erweisen; insbesondere dann, wenn es in Form des Helfersyndroms zu einer Abhängigkeit vom Urteil anderer führt.***
- ***Wer positive Erlebnisse nicht gewohnt ist, der hat meist weniger Angst vor dem Versagen als vor dem Erfolg. „Aufschieberitis" und Self-Handicapping führen dann zu einem selbstschädigenden Handlungsaufschub oder einer nicht minder problematischen Immunisierung gegenüber eigenen Ansprüchen wie fremden Erwartungen.***
- ***Wird das Selbstwertgefühl mit der beruflichen Situation verknüpft, so kann dies zur Arbeitssucht führen. Auch riskante Versuche der Zer-***

streuung sind Wege, das Gute im Schlechten zu suchen.

- ***Wer sich an seine Opferrolle gewöhnt hat, wird seine „erlernte Hilflosigkeit" verinnerlichen. Selbsterfüllende Prophezeiungen reden in diesen Fällen den Misserfolg herbei.***

30 MINUTEN

Gibt es Möglichkeiten, einer Selbstsabotage zu entgehen?
Seite 50

Warum ist Selbstachtung die Voraussetzung für mehr Vertrauen in das eigene Handeln?
Seite 55

Welche sozialen Kompetenzen tragen zu einem souveränen Verhalten im Alltag bei?
Seite 65

3. Möglichkeiten, selbstsicher zu werden

Selbstachtung und die Entwicklung eines positiven Selbstwertgefühls sind entscheidende Erfolgsfaktoren für die Eindämmung und Vermeidung von Selbstsabotage. Fünf für einen kontinuierlichen Lern- und Veränderungsprozess wichtige Dimensionen bieten die Möglichkeit, selbstschädigende Denkmuster und Verhaltensweisen zu hinterfragen und das eigene Alltagshandeln so auszurichten, dass persönliche Ziele und Erfolge nicht durch selbst ausgelegte Fallstricke und Stolpersteine in Gefahr geraten. Der Weg zur Selbstsicherheit beginnt damit, sich selbst kennenzulernen. Anschließend geht es darum, Selbstachtung und eine positive Sichtweise zu gewinnen, soziale Kompetenzen zu entwickeln und das Erlernte schließlich im Alltag zu etablieren.

3.1 Strategie gegen Selbstsabotage

Selbstsabotage ist ein komplexes Phänomen – und deshalb reicht es nicht, diesem mit einer einzelnen Maßnahme zu begegnen. Werden jedoch mehrere Schritte einer systematischen Vorgehensweise miteinander verbunden, so lässt sich durchaus eine Erfolg versprechende Gegenstrategie entwickeln.

Handlungsanleitung in fünf Schritten

Selbstsabotage zu erkennen und zu hinterfragen braucht Zeit. Insbesondere dann, wenn es darum geht, seine Denkmuster und Verhaltensweisen neu auszurichten, um den Eigenanteil an Misserfolgen so gering wie möglich zu halten.
Mit einem besonderen Aktionismus als spontane Antwort auf konkrete Niederlagen ist es dabei nicht getan. Notwendig ist vielmehr ein kontinuierlicher Lern- und Veränderungsprozess.
Hilfreich ist dabei eine geplante Vorgehensweise, die besondere Ziele erkennen lässt. Abbildung 2 macht in fünf aufeinander aufbauenden Etappen die wichtigsten Schwerpunkte einer solchen Strategie deutlich:
In der Regel gehen selbstschädigende Denkmuster und Handlungsweisen mit einem unrealistischen Selbstbild einher. Denn: Wer sich seiner Bedürfnisse und Gefühle, Stärken und Schwächen, Erfolge und Niederlagen nicht bewusst ist, der folgt im Hinblick auf sein Alltagshandeln

meist einfachen Glücks- und Erfolgsversprechen. Solche „Patentrezepte“ führen jedoch häufig in eine Sackgasse.

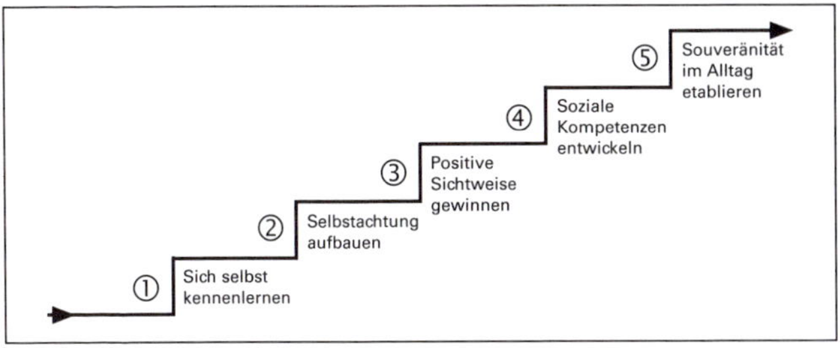

Abb. 2: Schritt für Schritt gegen Selbstsabotage

Deshalb muss es zunächst darum gehen, sich selbst zu beobachten und besser kennenzulernen (1). Allerdings führt Selbst(er)kenntnis nicht automatisch zu einem höheren Selbstwertgefühl.

In einem nächsten Schritt muss es deshalb darum gehen, Selbstachtung aufzubauen und Vertrauen in das eigene Denken und Handeln zu gewinnen (2).

Eine weitere Phase zielt darauf ab – allen Negativerfahrungen zum Trotz –, Aufgaben und Entscheidungen mit einer positiven Einstellung zu erledigen (3). Während sich Menschen mit negativen Denkmustern und ständigen Selbstzweifeln schwertun, ihre Ziele zu erreichen, fällt dies zuversichtlichen Personen wesentlich leichter. Für den dazu erforderlichen Perspektivenwechsel ist ein breites Spektrum an sozialen Kompetenzen förderlich. In einem vierten Schritt sind diese aufzubauen und zu trainieren (4).

Um ein authentisches Denken und Handeln dauerhaft zu verankern – und „blinde Flecken" auszuleuchten –, ist es letztlich wichtig, mehr Souveränität im Alltag zu entwickeln (5), um so auf Methoden der Selbstsabotage verzichten zu können.
Eine persönliche Strategie zur Vermeidung von Selbstsabotage steht und fällt allerdings immer auch mit dem „Leidensdruck" und den individuellen Perspektiven. Konkret: Besondere Misserfolge, etwa die Absage bei einem Bewerbungsverfahren oder ein „Korb" bei der Partnersuche, erhöhen in der Regel – wenn auch nicht immer – die Bereitschaft, etwas zu ändern. Wer sich zudem konkrete Ziele setzt, wie beispielsweise einen neuen Job oder Lebenspartner zu finden, den kann ein solcher Lern- und Veränderungsprozess von den vielfältigen Formen der Selbstsabotage abhalten.

30 *Gegen Selbstsabotage lässt sich etwas tun. Voraussetzung ist jedoch ein längerfristiger Lern- und Veränderungsprozess. Auch wenn es keine „Patentrezepte" gibt – fünf Schritte einer systematischen Vorgehensweise bringen den Erfolg; sie reichen von einer verbesserten Selbstwahrnehmung über die Entwicklung des Selbstwertgefühls, einen Perspektivenwechsel bei anstehenden Herausforderungen und das Training sozialer Kompetenzen bis hin zur Etablierung eines souveränen Alltagshandelns.*

3.2 Sich selbst kennenlernen

Menschen, die sich unbewusst selbst schädigen, tun dies in aller Regel, weil sie sich selbst nicht gut genug kennen. Wüssten sie über ihre Denkmuster Bescheid, so würden sie mit Sicherheit andere Handlungsoptionen wählen.

Kritische Selbstreflexion

Nicht selten hat Selbstsabotage deshalb auch damit zu tun, dass man bestimmte Lebenssituationen nicht wahrhaben will. Ganz nach dem Motto „Was nicht sein darf, das kann auch nicht sein" fehlt es an einer kritischen Reflexion. Diese allerdings könnte dazu beitragen, wiederkehrende Muster selbstschädigenden Verhaltens aufzudecken.

Zu einer solchen kritischen Selbstreflexion kann die Beantwortung der folgenden Fragen beitragen:

- Habe ich im zurückliegenden Jahr Entscheidungen getroffen, die sich aus heutiger Sicht als nachteilig erwiesen haben?
- Wurde ich von anderen Personen aus meinem sozialen Umfeld in meiner Entscheidungsfindung beeinflusst?
- Habe ich mich bei den Entscheidungen eher von meiner emotionalen Befindlichkeit oder aber von rationalen Argumenten leiten lassen?
- Konnte ich mir die infolge meiner Entscheidungen auftretenden Probleme nachvollziehbar erklären?

Stärken und Schwächen

Darüber hinaus ist es wichtig, dass wir unsere Stärken und Schwächen (er)kennen. Sich der eigenen Stärken bewusst zu sein, gibt Sicherheit; die Kenntnis der eigenen Schwächen kann helfen, selbstschädigendes Verhalten zu vermeiden.

Ziel muss es sein, von einer Problem- zu einer Lösungsorientierung des Denkens und Handelns zu kommen. Dies wird möglich, wenn man sich weniger mit den eigenen Schwächen und Unzulänglichkeiten beschäftigt, dafür aber das Augenmerk auf die vorhandenen Fähigkeiten und Stärken lenkt. Anders formuliert: Wer seine Stärken stärkt und seine Schwächen akzeptiert, konzentriert sich auf seine Erfolgspotenziale und -perspektiven.

Persönliche Erfolge

Zu diesem Zweck ist es hilfreich, Belege für persönliche Erfolge zu sammeln. Allein das letzte Jahr ist als Zeitraum, den man nach Erfolgserlebnissen durchsuchen kann, meist schon sehr ergiebig. In der Regel gelingt es, sich fünf Erlebnisse dieser Art – z.B. eine schwierige Prüfung bestanden, geheiratet oder den Job gewechselt zu haben – bewusst zu machen und zu notieren. Es ist sinnvoll, sich auch die Stärken, die diese Positiverlebnisse möglich gemacht haben, vor Augen zu führen. Oft mündet dies in der Frage: Warum wurden diese Stärken so lange ignoriert?

Da Selbstsabotage in erster Linie im Kopf stattfindet, kommt es darauf an, sich positive Ereignisse ins Gedächtnis zu rufen. An je mehr Erfolgserlebnisse sich ein Mensch erinnert und je häufiger er sich in seinem Verhalten daran ausrichtet, desto leichter wird es ihm fallen, Selbstvertrauen zu entwickeln. Darum ist es auch sinnvoll, Gelungenes in einem Erfolgstagebuch zu dokumentieren. Das Erstaunen ist dann oft groß, wie viele Positivmeldungen innerhalb eines Monats zusammenkommen – und wie deren Lektüre dazu beiträgt, die eigenen Ressourcen und Talente besser kennenzulernen.

Menschen, die sich selbst um ihre Berufschancen und Lebensperspektiven bringen, kennen sich oft selbst nicht gut genug. Um Muster selbstschädigenden Verhaltens aufdecken zu können, geht es deshalb darum, sich selbst – insbesondere seine Stärken und Schwächen – (besser) kennenzulernen. 30

3.3 Selbstachtung aufbauen

Selbstzweifel sind keine gute Voraussetzung, um die Herausforderungen des Alltags zu bewältigen. Wer sich schon bei kleinsten Herausforderungen überfordert fühlt und in Selbstmitleid „versinkt", muss lernen, Vertrauen in die eigene Person zu entwickeln.
Der amerikanische Psychologe Goleman (1997 bzw. 2006) hat dazu mit den Konzepten Emotionaler (EQ)

bzw. Sozialer Intelligenz zahlreiche Anregungen beigesteuert. Dabei weist er darauf hin, wie wichtig insbesondere Achtsamkeit, Empathie und Sensibilität für eine erfolgreiche Bewältigung sozialer Situationen sind.
Voraussetzung dafür ist unter anderem die Fähigkeit, sich wertzuschätzen. Dies betrifft insbesondere die Entwicklung und Förderung von Selbstachtung. Sie ist die Folge bestimmter Lebenserfahrungen, aber auch das Resultat entsprechender Denkmuster und Einstellungen. Insofern lässt sich Selbstachtung nicht erlernen und einüben – vielmehr geht es darum, Möglichkeiten zu schaffen, unter denen sich Selbstachtung entfalten kann.

Grundlagen der Selbstachtung

Ausgangspunkte dabei sind eine Aufgeschlossenheit und Achtsamkeit für sich selbst und das soziale Umfeld. Gemeint sind damit nicht nur Selbst- und Fremdwahrnehmung, sondern auch eine nicht wertende Offenheit im Hinblick auf andere Menschen und die Beziehung zu ihnen. Weitere Grundlagen für eine Entwicklung zu mehr Selbstachtung sind:

Selbstakzeptanz:
Um Selbstachtung entwickeln zu können, ist es notwendig, sich selbst so anzunehmen, wie man ist. Konkret: Es gilt, die eigenen Stärken und Schwächen zu (er)kennen und zu ihnen zu stehen. Wer sein Denken und Han-

deln nicht anerkennt, sein Tun und Lassen verleugnet oder bestimmte Persönlichkeitsanteile „abspaltet", der kann sich selbst kaum akzeptieren.

Selbstverantwortung:
Kontrolle über sein eigenes Leben zu haben und dieses aktiv zu gestalten bedeutet, Verantwortung für sich selbst zu übernehmen. Die Bereitschaft, das eigene Handeln und seine Folgen zu verantworten, also weder Ausreden noch Schuldzuweisungen zu praktizieren, entspricht dem, was unter Selbstverantwortung zu verstehen ist.

Selbstbehauptung:
Die eigenen Interessen und Überzeugungen auch gegenüber Vorbehalten und Widerständen zu vertreten und für sie einzustehen, schafft die Voraussetzungen dafür, sich gegenüber anderen Menschen erfolgreich behaupten zu können.

Selbstregulation:
Eine Vermeidung selbstschädigenden Verhaltens erfordert auch die Fähigkeit, sich flexibel auf unterschiedliche Menschen und Situationen einstellen zu können. Durch Selbstregulation eines möglichst breiten Verhaltensrepertoires lassen sich Ängste abbauen, Gefahren erkennen, Unsicherheiten überwinden und notfalls auch Niederlagen bewältigen.

Persönliche Integrität

Erst auf der Grundlage von Selbstakzeptanz, -verantwortung, -behauptung sowie -regulation kann es gelingen, persönliche Ideale und Werte mit dem eigenen Handeln in Übereinstimmung zu bringen. Man spricht dann von persönlicher Integrität, wie sie etwa im folgenden Beispiel zum Ausdruck kommt:

Herr Mustermann nimmt seine Aufgabe als neuer Vorsitzender des Sportvereins sehr ernst. Er hat die Aufgabe angenommen, um den Verein professioneller zu führen als sein Vorgänger. Er ist sich bewusst, dass einige Vereinsmitglieder glauben, dass er übertreibt, manche ihn sogar für besonders pedantisch halten. Doch angesichts der finanziellen Herausforderung für seinen Verein steht er dazu, genau hinzusehen (= Selbstsakzeptanz). Er ist auch bereit, den für ein straffes Vereinsmanagement notwendigen Arbeitsaufwand zu übernehmen (= Selbstverantwortung). Aufkommender Kritik und selbst persönlicher Anfeindungen weiß er sich zu erwehren (= Selbstbehauptung). Seine Fähigkeiten, auf die unterschiedlichen Mitglieder zugehen und in jeder Situation angemessen handeln zu können (= Selbstregulation), sind ihm dabei eine große Hilfe. Als ein Urlaub für Distanz zu seiner Vereinsarbeit sorgt, zieht er eine kurze Zwischenbilanz – und sieht sich nach kritischer Selbstreflexion als integeren Vereinsvorsitzenden. Sich selbst und seine bisherige Arbeit achtend, kann er seine Tätigkeit für seinen Verein mit gutem Gewissen und entsprechendem Selbstbewusstsein fortsetzen.

Dieses Beispiel zeigt, dass persönliche Integrität zur Selbstachtung beiträgt und dadurch selbstsicheres Auftreten und erfolgreiches Handeln fördert. Umso mehr sei allerdings vor dem Gegenteil gewarnt: Sind Worte und Taten nicht miteinander vereinbar oder werden sie gar als widersprüchlich wahrgenommen, so mindert dies die Glaubwürdigkeit und damit letztlich auch die Selbstachtung.

Vertrauen in das eigene Urteil

Um unterschiedliche Handlungsoptionen abschätzen zu können und dabei nicht auf möglicherweise irreführende Orientierungsmuster oder Ansichten anderer angewiesen zu sein, ist zudem ein hohes Maß an Vertrauen in die eigene Urteilsbildung nötig. Der folgende Selbst-Check hilft Ihnen dabei, Ihre persönliche Selbstachtung und Ihr Vertrauen in die eigene Person einzuschätzen:

Selbst-Check: Achten und vertrauen Sie sich?

Bewerten Sie die folgenden Aussagen, indem Sie eine Punktzahl zwischen 1 (= stimme voll zu) und 6 (= stimme nicht zu) vergeben:

1. Ich habe Ziele, die ich mit Nachdruck verfolge.
2. Veränderungen – solange sie planbar sind – haben für mich nichts Bedrohliches.
3. Niederlagen gehören zum Leben.
4. Für das, was ich tue (und lasse), übernehme ich immer die Verantwortung.

5. Manchmal muss man sich auch gegen Widerstände durchsetzen.
6. Ich behalte auch in stressigen Situationen die Übersicht.
7. Ich kann mich an viele Erfolgserlebnisse der letzten Zeit gut erinnern.
8. Nobody is perfect!
9. Ich habe hohe Ansprüche – auch an mich selbst.
10. Das Zusammensein mit anderen Menschen ist mir wichtig.
11. Manchmal muss ich mit meinen Kräften „haushalten".
12. Ich weiß, was Freunde und Bekannte, Kollegen und Vorgesetzte über mich denken.
13. In einer stillen Minute kann ich auch mal nachdenklich sein.

Zur Auswertung summieren Sie die Punktzahl der einzelnen Aussagen. Umso niedriger die Gesamtsumme ausfällt, desto weniger trauen Sie sich zu; je höher die Gesamtpunktzahl, desto stärker sind Ihre Selbstachtung und Ihr Selbstvertrauen ausgeprägt. Konkret:

- Unter 25 Punkte: Sie achten zu wenig auf sich selbst und auch die Wertschätzung Ihrer eigenen Person lässt (noch) zu wünschen übrig.
- 25 – 60 Punkte: Mit Ihrer Selbstachtung ist alles in Ordnung – aber es kann nicht schaden, auch in Zukunft das Selbstbewusstsein zu stärken und immer darauf zu achten, dass Sie sich selbst wertschätzen.
- Über 60 Punkte: Sie sind sich Ihrer selbst (sehr) bewusst und können gut auf sich selbst achten.

30 *Selbstsaboteure müssen lernen, Vertrauen in die eigene Person und das eigene Handeln aufzubauen, indem sie unter anderem (mehr) Selbstakzeptanz, -verantwortung, -behauptung und -regulation entwickeln. Die damit verbundene Stärkung der Selbstachtung kann helfen, das Vertrauen in die eigene Urteilskraft zu erhöhen und so die Gefahr selbstschädigenden Verhaltens zu mindern.*

3.4 Positive Sichtweise gewinnen

Menschen nehmen soziale Situationen unterschiedlich wahr; beispielsweise fatalistisch und unabänderlich oder als durchaus beeinflussbar. Da die jeweiligen Einstellungen und Sichtweisen das Alltagshandeln bestimmen, ist es hilfreich, die Wahrnehmung bestimmter Situationen zu hinterfragen – und möglicherweise neu auszurichten.

Am Beispiel eines Sportwettkampfes lässt sich dies besonders gut verdeutlichen. Zu diesem Zweck illustriert Abbildung 3, wie eine negativ wahrgenommene Situation Einfluss auf den Ausgang eines Wettkampfes haben kann und wie sich diese verändern lässt.

Vom Teufelskreis …

Bei den diesjährigen Leichtathletik-Kreismeisterschaften soll Mike Mustermann die 100 Meter laufen. Die überraschend vielen Zuschauer neben der Startzone

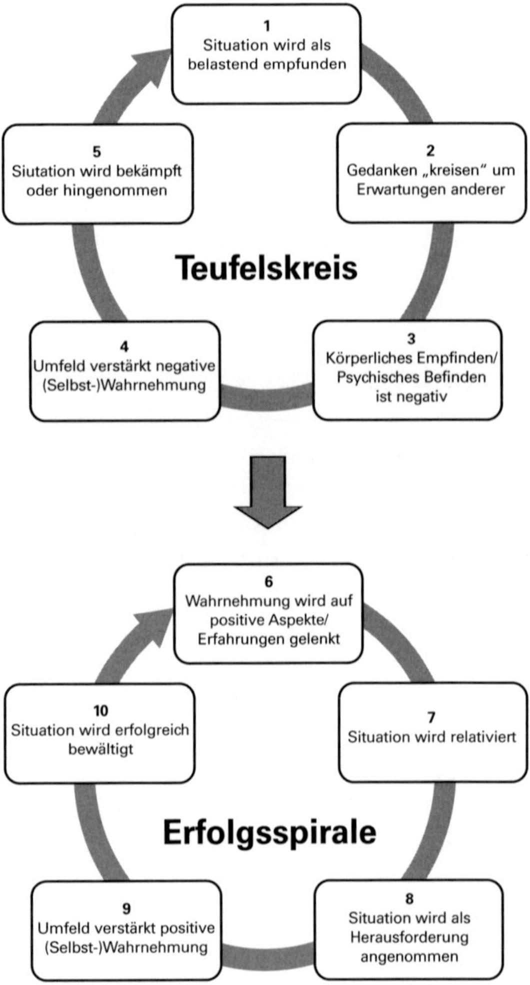

Abb. 3: Vom Teufelskreis zur Erfolgsspirale

sorgen bei ihm für besondere Nervosität, vor allem weil auch seine Geschwister anwesend sind (1). Da die Gedanken von Mustermann um die Erwartungen der Angehörigen kreisen (2), ist er abgelenkt und kann sich nicht auf den bevorstehenden Start konzentrieren. Plötzlich sind seine Kraft und die gewohnte „Spritzigkeit" wie weggeblasen (3). In dieser Situation fühlt er sich alleingelassen – vergeblich sucht er den Blickkontakt zu seinem Bruder. Da dieser in ein Gespräch mit einem anderen Zuschauer vertieft ist und damit den Eindruck von Desinteresse erweckt, verstärkt dies das negative Empfinden des Sprinters (4). An ein gutes Rennen ist nicht zu denken.

Jetzt kommt es darauf an: Führt diese Wahrnehmung zu einer besonderen Anspannung, die die Konzentration und damit einen guten Start verhindert, oder gelingt es, im Wissen um dieses Problem dagegen anzugehen (5)? Konkret stellt sich die Frage: Lässt sich ein solcher Teufelskreis selbstschädigender Einstellungen und Empfindungen in eine Erfolgsspirale verwandeln?

... zur Erfolgsspirale

Um einen solchen Teufelskreis verlassen zu können, kommt es darauf an, nicht in den Sog negativer Denkmuster und ständiger Selbstzweifel zu geraten. Denn von dort ist es nur ein kurzer Weg zur Selbstsabotage. Wichtig ist daher die Bereitschaft, die eigene Sichtweise zu ändern. Wer seine Aufmerksamkeit auf positive Aspekte und/oder Erinnerungen lenkt, dem kann es gelingen, selbst belastende Situationen in ein positives Licht zu rücken. Abbildung 3 verdeutlicht dies. Für den Beispielfall bedeutet das:

Mike Mustermann ändert seine Einstellung zu den vielen Zuschauern (6); das heißt, er freut sich, endlich einmal im Mittelpunkt der Aufmerksamkeit zu stehen. Vor allem genießt er den Besuch seiner Geschwister: Für sie ist er der Held – egal, wie er ins Ziel kommt (7). Mustermann ist in positiver Erwartung, dass es gleich losgeht (8). Er wird die Situation schon meistern. Wahrscheinlich wird sein Bruder dem anderen Zuschauer gerade von ihm erzählen – und vielleicht hat er gleich einen Fan mehr (9). „Also was soll schon passieren?", fragt sich der Sprinter, geht entspannt an den Start, kommt gut aus den Startblöcken und qualifiziert sich mit einer guten Zeit für den Endlauf (10).

Fazit: Die durch eine veränderte Wahrnehmung neu bewertete Situation wurde erfolgreich bewältigt.

Die Sichtweise entscheidet

Wird die eigene Wahrnehmung neu ausgerichtet, erscheinen schwierige Mitmenschen und problematische Situationen in einem anderen Licht. Denn: Ein halb leeres Glas erscheint aus anderer Perspektive wie ein halb volles Glas.

Folglich entscheidet unsere Sichtweise auch darüber, wie wir den Alltag erfahren und bewerten. So zeichnet es beispielsweise selbstsichere Menschen aus, dass sie sich bei der Bewältigung von Problemen in erster Linie auf die Umsetzung von Lösungen und die angestrebten Erfolge konzentrieren. Über die Möglichkeit eines Misserfolges werden sie nicht lange sinnieren. Und sie haben auf ihre Weise recht: Denn erst auf der Grundlage von Optimismus und Zuversicht kann es gelingen, die vielen verschiedenen großen und kleinen Herausforderungen des Alltags auch ohne Selbstsabotage zu meistern.

30

Wer in den Sog negativer Denkmuster und ständiger Selbstzweifel geraten ist, tut sich oft schwer, diesen Teufelskreis wieder zu verlassen. Wird die Aufmerksamkeit dagegen auf positive Aspekte und/oder Erinnerungen gerichtet, so kann es gelingen, selbst belastende Situationen in ein positives Licht zu rücken und entsprechend neu zu bewerten. Ein Perspektivenwechsel dieser Art kann auf diese Weise zum Einstieg in eine Erfolgsspirale führen.

3.5 Soziale Kompetenzen entwickeln

Die Fähigkeit, auf Menschen zuzugehen, mit ihnen zu kommunizieren und Interessen, Erwartungen wie auch Unstimmigkeiten zu besprechen, sorgt auch in schwierigen Situationen für Selbstsicherheit. Fehleinschätzungen lassen sich korrigieren und Selbsttäuschungen vermeiden. Allerdings erfordert dies eine ausgeprägte soziale Kompetenz. Erst sie bietet eine realistische Perspektive, der Tendenz zu selbstschädigendem Verhalten erfolgreich entgegentreten zu können.

Sozial kompetentes Verhalten lässt sich trainieren und verbessern. Besonderes Augenmerk sollte dabei auf die folgenden Fähigkeiten gerichtet werden:

Arbeit organisieren können

Wer weiß, wie lange er für welche Arbeit braucht und auch sein Zeitbudget realistisch einschätzen kann, der läuft weniger Gefahr, sich im Hinblick auf seine Arbeitsleistung zu verschätzen. Damit ist allerdings auch die Fähigkeit gemeint, Prioritäten setzen und bestimmte Aufgaben delegieren zu können sowie persönliche Arbeitshemmnisse („Aufschieberitis“, Perfektionismus) im Griff zu haben.

Kommunikation als Kernkompetenz

Kommunikation zählt im privaten wie beruflichen Kontext zu den Kernkompetenzen. Wer nicht kommunizieren kann, ist auch nicht in der Lage, seine Bedürfnisse zu artikulieren, Interessen zu formulieren, Erwartungen zu äußern, Konflikte zu klären, Aufgaben zu delegieren, sich gegen Kritik zu wehren und Erfolge zu feiern.

Um kommunikative Defizite und Unsicherheiten zu „verschleiern“, greifen wir oft zu den verschiedensten

Strategien der Selbstsabotage: Da wird aus Kostengründen bei Besprechungen auf eine Moderation verzichtet, Präsentationen werden trotz großen Aufwandes zu inhaltsleeren Bilderfolgen und in schlecht vorbereiteten Verhandlungen werden zu schnell faule Kompromisse geschlossen. Ergebnisse und Resonanz fallen entsprechend schlecht aus.

Lernbereitschaft und -fähigkeit

Eingefahrene Denk- und Handlungsmuster sind nicht nur eine Ursache für selbstschädigendes Verhalten, sie sind zugleich auch das größte Hindernis auf dem Weg hin zu einer Neuorientierung persönlicher Sicht- und Vorgehensweisen. Um sich nicht immer wieder in den eigenen Fallstricken zu verfangen, ist der Erwerb neuen Know-hows und dessen Anwendung deshalb unabdingbar.

Wer mit den Unwägbarkeiten und Zufällen des Lebens erfolgreich umgehen will, muss sich entsprechenden Herausforderungen stellen und sein Wissen ständig erweitern und aktualisieren. Dies gelingt jedoch nur, wenn man sich auf einen kontinuierlichen Prozess lebenslangen Lernens einlässt.

Arbeit im Team

Die aktuelle Entwicklung am Arbeitsplatz hin zu flacheren Hierarchien wie auch zu vermehrter Gruppen- und Projektarbeit räumt dem Teamgedanken einen immer größeren Stellenwert ein. Der Erfolg derartiger Teamarbeit wird heute nämlich weit weniger von den fachlichen Kompetenzen der Beteiligten bestimmt als vielmehr von deren Miteinander und ihren gemeinsamen Einstellungen und Zielen. Spätestens jetzt müssen Mitarbeiter lernen, persönliche Befindlichkeiten hintanzustellen und sich in ihrem Team mannschaftsdienlich zu verhalten. Selbstsabotage – so wie sie im engsten Kollegenkreis vielleicht noch funktionieren mag – wird im Rahmen anspruchsvoller Teamarbeit in der Regel schnell entlarvt.

Umgang mit Konflikten

Immer dann, wenn Menschen zusammenkommen, ist damit zu rechnen, dass unterschiedliche Meinungen und Interessen aufeinandertreffen. Nur naive Zeitgenossen gehen davon aus, dass ein Zusammenarbeiten und -leben in ständiger Harmonie erfolgen könne. Viele Menschen verleugnen jedoch trotzdem Konflikte – ob in Ehe oder Familie, Beruf oder Ehrenamt – und machen sich damit etwas vor. Zugleich ignorieren sie auch die schädigende und den eigenen Erfolg verhindernde Wirkung dieser Konflikte.
Ebenso problematisch ist die Tendenz vieler Selbstsaboteure, durch ständige oder übertriebene Kritik ein gutes Miteinander zu gefährden oder auch eigentlich unbedeutende Unstimmigkeiten durch Streitsucht zu latenten Konflikten zu machen.
Ein angemessener Umgang mit Konflikten, der ein Leugnen nicht mehr notwendig macht und stattdessen

zu einer konstruktiven Konfliktlösung beiträgt, ist deshalb auch ein weiterer wichtiger Ansatzpunkt, um Selbstsabotage zu verhindern.

Bewältigung von Belastungen

Angesichts eines hohen Arbeitspensums, einer nicht enden wollenden Informationsflut sowie ständigem Entscheidungs- und Termindruck ist Stress heutzutage sowohl im Privat- als auch im Berufsleben weitverbreitet. Viele dieser Belastungsfaktoren wie beispielsweise eine ständige Erreichbarkeit sind jedoch selbst gewählt.

Wer in der Lage ist, klare Entscheidungen zu treffen und Aufgaben zu delegieren, sich aber auch konsequent abgrenzen (Nein sagen) kann, der hat deshalb ziemlich gute Chancen, selbstschädigende Verhaltensmuster zu reduzieren.

30

Selbstsabotage verliert ihre Grundlage, wenn auch schwierige Anliegen und Aufgaben, Probleme und Situationen sozialkompetent gehandhabt werden. Arbeit gut organisieren wie auch kommunizieren zu können, die Bereitschaft und die Fähigkeit, zu lernen, Projekt- und Teamarbeit, der Umgang mit Konflikten, aber auch die Bewältigung körperlicher wie psychosozialer Belastungen sind Kompetenzfelder, die sich in besonderer Weise zur Eindämmung selbstschädigender Verhaltensweisen eignen.

3.6 Souveränität im Alltag etablieren

Nur wenn wir in der Lage sind, unseren Alltag souverän zu gestalten, brauchen wir unsere Handlungsoptionen nicht einzuschränken. Hat der Psychoanalytiker Horst-Eberhard Richter soziales Handeln angesichts einer Zunahme gesellschaftlicher Herausforderungen – bewusst pointiert – auf „Flüchten oder Standhalten" (1976, 2012) reduziert, so sollte unser tatsächliches Verhaltensrepertoire doch weitaus breiter gefächert sein – gerade auch dann, wenn es uns darum geht, Selbstsabotage zu vermeiden.
Der Umgang mit selbstschädigenden Alltagsgewohnheiten bietet immer wieder ausreichend Gelegenheit, die verschiedenen Sozialkompetenzen unter Beweis zu stellen. Doch dabei tun sich viele von uns schwer – nicht selten scheitern wir ausgerechnet an unseren eigenen Lebensmaximen. Fünf unser Selbstverständnis prägende Orientierungsmuster machen diesen Zusammenhang deutlich:

Alles auf einmal – oder Prioritäten setzen?

Um der Fülle an täglichen Aufgaben Herr zu werden, versuchen viele Menschen, die verschiedensten Aktivitäten auf einmal zu erledigen: Bei hoher Geschwindigkeit auf der Autobahn noch ein paar E-Mails lesen und SMS versenden oder während der Arbeit am heimischen PC zwischendurch dem Briefträger die Tür öffnen, ein Telefonat entgegennehmen und das Essen auf dem Herd im Auge behalten – der Münchener Zeitforscher Karlheinz A. Geißler (2011) spricht in diesem Zusammenhang von „Simultanten".

Doch solche zeitsparenden Paralleltätigkeiten – auch Multitasking genannt – sind anstrengend, führen häufig zu Fehlern und nur selten zum Ziel. Mehr noch: Folgt man wissenschaftlichen Erkenntnissen, so ist Multitasking ein typisches Beispiel selbstschädigenden Verhaltens.

Selbst wenn es nämlich tatsächlich gelingen sollte, alles auf einmal zu machen, bietet das menschliche Gehirn lediglich eine begrenzte Kapazität, um komplexe Aufgaben zu verarbeiten. Konkret bedeutet das: Wer ständig mehrere Tätigkeiten gleichzeitig erledigt, trainiert sein Gehirn auf diese Weise darauf, sich schnell, aber nur oberflächlich mit bestimmten Aufgaben zu befassen. Wenn das Gehirn so arbeitet, dann bleibt keine Zeit, die wirklich relevanten Informationen abzuspeichern, miteinander zu verknüpfen und in gebührender Weise zu bewerten.

Um komplexe Aufgaben steuern und fehlerfrei erledigen zu können, braucht es deshalb die Fähigkeit, anfallende Tätigkeiten zu priorisieren, zu delegieren oder gegebenenfalls auch abzulehnen.

Damit das Prioritätensetzen, also das Differenzieren und Gewichten von Aufgaben, gelingt, sind kommunikative Kompetenzen unerlässlich. Wissen, worauf es ankommt, aber auch argumentieren und überzeugen zu können, sind entscheidende Voraussetzungen, den typischen Auslösern selbstschädigenden Verhaltens zu entgehen.

Nur das Beste – oder mal weniger perfekt?

Seinen Lebensalltag perfekt gestalten zu wollen, ist ein hoher, aber meist kaum erfüllbarer Anspruch. Fehlervermeidung und Perfektionismus – so lobenswert sie erscheinen – werden nämlich schnell zu zwanghaften Standards des Alltagshandelns.

Perfektionisten versuchen, ihre Leistungen ständig zu optimieren, sie gestehen sich kaum Fehler ein und sind nur selten mit sich und ihrem Umfeld wirklich zufrieden. Für sie gilt: So wichtig Planung und Zielsetzung in Beruf und Privatleben auch sind – wer für alle Unwägbarkeiten des Lebens gerüstet sein will, den überrascht oft der Zufall.

Auch die Angst vor Missbilligung und Kritik, die häufig zu Perfektionismus führt, lässt sich abbauen – es sei denn, man orientiert sich an falschen Vorbildern oder legt nachteilige Vergleiche zugrunde. In Vergleichen dieser Art liegt eine Gefahr: Im Wettbewerb zwischen Geschwistern, Mitschülern, Kollegen und Nachbarn neigen wir häufig zu Vergleichen mit Personen, die uns schlecht aussehen lassen: der Freundin mit dem perfekten Körper, dem erfolgreicheren Kollegen und dem allseits beliebten Nachbarn. So entsteht der Eindruck, die anderen seien besser. Dies kratzt an unserem Selbstwertgefühl und zehrt an unserem Selbstvertrauen.

„Ich mach' das schon" – oder delegieren?

Viele von uns glauben, nur sie könnten eine bestimmte Aufgabe erledigen – kein anderer wäre dazu in der Lage. Angesichts der Vielzahl anfallender Tätigkeiten ist dies nicht nur ein vermessener Anspruch, sondern auch überaus selbstschädigend.

Wer mit dieser Einstellung durchs Leben geht, hat in der Regel nur wenig Vertrauen in sein soziales Umfeld. Aus Angst, niemand könnte ebenso gut und ordentlich arbeiten wie sie selbst, unterstellen diese Menschen anderen meist mangelnde Disziplin, geringes Engagement oder fehlendes Kosten- und Qualitätsbewusstsein. Angesichts eines solchen Misstrauens bleibt es nicht aus, dass sich mit der Zeit auch beste Freunde und Kollegen abwenden.

Das Übertragen von Aufgaben und Verantwortlichkeiten auf andere Personen bedeutet ein „Loslassen", das dabei hilft, sich auf wirklich wichtige Tätigkeiten konzentrieren zu können. Delegieren bietet folglich eine gute Chance, sich gezielt von Routinetätigkeiten und Einmalaktionen zu befreien, soweit diese nur wenig zum persönlichen Erfolg beitragen. Also eine echte Erleichterung.

Eine erfolgreiche Delegation erfordert allerdings auch eine regelmäßige Kommunikation: Dazu gehören Erklärungen zu Hintergründen und Zusammenhängen, kontinuierliche Rückmeldungen sowie ein Vertrauensvorschuss gegenüber den Menschen, die den Auftrag ausführen sollen.

In Aufgaben ertrinken – oder Nein sagen?

Vielfach sind es die eigenen Ansprüche, die sich als selbstschädigend erweisen. Dem Motto „Das schaffe ich schon" folgend, übernehmen wir beispielsweise Arbeiten, die bei nüchterner Betrachtung gar nicht zu leisten sind.

Das Gefühl, im Kreis unserer Arbeitskollegen oder Freunde akzeptiert zu werden, liefert dafür sicher eine plausible Erklärung. Um nicht als egoistisch oder unkollegial zu gelten, bringen wir nur selten den Mut auf, auch einmal Nein zu sagen. Die Angst vor negativen Reaktionen macht uns eine sinnvolle Abgrenzung oft unmöglich.

Um sich von den Erwartungen anderer frei zu machen, braucht es nicht nur ein entsprechendes Selbstbewusstsein, sondern auch eine gewisse Konfliktfähigkeit. Wer nicht in fremdbestimmten Aufgaben untergehen will, muss mit Charme und Nachdruck seine Interessen vertreten und sich gegebenenfalls auch behaupten können.

Allerdings: Je mehr bei einer Ablehnung auf dem Spiel steht, desto schwerer fällt es uns, dem Vorsatz, Nein zu sagen, zu folgen. Indem wir dennoch Aufgaben und Bitten nachkommen, die uns überfordern oder überlasten, ist eine Selbstschädigung geradezu vorprogrammiert.

Nur ein kontinuierliches Training mithilfe immer anspruchsvoller werdender Übungen baut nach und nach eine mentale Stärke auf, die es erlaubt, sich auch angesichts zu erwartender Konsequenzen selbstbewusst abzugrenzen.

Einzelkämpfer sein – oder Hilfe annehmen?

Abgrenzung darf in letzter Konsequenz jedoch nicht zum Rückzug aus sozialen Beziehungen führen, da es ebenfalls das Risiko der Selbstsabotage erhöhen würde. Denn wer den Kontakt zu Familie und Freunden, Kollegen und Nachbarn – aus welchen Gründen auch immer – reduziert oder gar abbricht, der bleibt bei vielen Entscheidungen auf sich gestellt.

Dabei ist es gerade zur Vermeidung von Selbstsabotage besonders wichtig, Hilfe annehmen zu können. Ohne einen Kreis vertrauter Menschen, mit denen man sich regelmäßig austauschen kann, wird es nur schwer gelingen, ein „Silodenken" zu verhindern und stattdessen in Abwägung unterschiedlicher Argumente zu bestmöglichen Entscheidungen zu kommen.

Soziale Unterstützung, wie sie hier gemeint ist, bezieht sich auf verschiedene Formen praktischer wie emotionaler Hilfe:

- *Persönliche Unterstützung*
  Die Informationen und Einschätzungen, Erfahrungen und Kenntnisse vertrauter Personen helfen, Mechanismen selbstschädigenden Verhaltens aufzudecken. Konkret: In manchen Situationen sind wir immun gegenüber Selbstkritik. Dann hilft nur noch die Meinung einer Person, der wir vertrauen und die ehrlich genug ist, uns auf persönliche Schwächen hinzuwei-

sen und vor möglichen Fallstricken und Stolpersteinen zu warnen, und uns so vor Fehleinschätzungen bewahrt.

- *Emotionale Zuwendung*
  Anteilnahme und Mitgefühl bieten Halt und Orientierung, beispielsweise indem sie Resignation entgegenwirken und bei falschen Entscheidungen oder Niederlagen Trost spenden. Gemeinsame Aktivitäten beugen Isolationserfahrungen vor und stärken das Zusammengehörigkeitsgefühl.
- *Professionelle Hilfe*
  Für viele Betroffene ist selbstschädigendes Verhalten mit seinen möglichen Ursachen, aber auch Interventions- und Bewältigungsmöglichkeiten allerdings erst mit professioneller Hilfe zu erkennen und in seiner Bedeutung einzuordnen. Niemand sollte sich aus diesem Grund davor scheuen, beispielsweise einen Coach anzusprechen oder auch einen Psychotherapeuten zurate zu ziehen.

30 ***Selbstsabotage lässt sich vorbeugen – nicht durch einzelne Maßnahmen, wohl aber durch einen in mehrere Schritte gegliederten Lern- und Veränderungsprozess.***
Geht es zunächst darum, sich selbst besser kennenzulernen, so richtet sich das Augenmerk in einer zweiten Phase auf die Etablierung von Selbstachtung und die Entwicklung von Selbstbewusstsein.

Durch eine Neuausrichtung der Wahrnehmung – weg vom Teufelskreis hin zu einer Erfolgsspirale – ist es möglich, eine positive Sicht auf die Herausforderungen des Alltags zu gewinnen.
Auf der Grundlage eines solchen Perspektivenwechsels und mithilfe eines breiten Spektrums sozialer Kompetenzen sollte es schließlich gelingen, ein souveränes und von Selbstsabotage freies Denken und Handeln dauerhaft im Alltag zu verankern.

30 MINUTEN

4. Selbstsabotage muss nicht sein: Eigeninitiative und Intuition helfen

Die besten Absichten und Strategien zur Vermeidung von Selbstsabotage nutzen wenig, wenn es am Veränderungswillen mangelt. Die Bereitschaft, sich in seinem Denken und Handeln neu auszurichten, ist deshalb besonders wichtig, um den verschiedenen Formen von Selbstsabotage dauerhaft und wirkungsvoll vorzubeugen. Dazu gehört auch die Offenheit, sich bei der Einschätzung von Personen und Situationen nicht alleine auf fachlich-sachliche Argumente einzulassen, sondern auch auf die „innere Stimme" der Intuition zu hören.

4.1 Der Wille zur Veränderung

Bleiben in einer Wettbewerbsgesellschaft die Erfolge aus, so wird dies für viele Menschen zu einem spürbaren Problem. Besonders unangenehm wird es vor allem dann, wenn sich trotz positiver Rahmenbedingungen und optimaler Vorbereitung die Niederlagen häufen.

Die Aufarbeitung entsprechender Negativ-Erlebnisse konzentriert sich in aller Regel auf altbekannte Begründungszusammenhänge. Nur selten werden die hinter Absagen und Defiziten, Schwächen und Verlusten liegenden und in der Persönlichkeit jedes Einzelnen begründeten Denkmuster und Einstellungen thematisiert. Hier aber sind oft die wahren Gründe verborgen, warum Menschen sich selbst Steine in den Weg legen und um ihre Erfolgsperspektiven bringen.

Selbstsabotage – so wie sie in ihren unterschiedlichen Facetten in diesem Buch beschrieben wurde – ist als unbewusstes und selbstschädigendes Verhalten jedoch nicht gottgegeben. Wir selbst haben es in der Hand, destruktive Denkmuster aufzudecken, zu hinterfragen und nach Gegenstrategien zu suchen.

Allerdings setzt dies einen Willen zur Veränderung voraus. Wer in einer gewissen Duldungsstarre verharrt und abwartet, was auf ihn zukommt, der wird schnell von beruflichen wie privaten Anforderungen überrollt – und damit zugleich fremdbestimmt.

Versuche, sich aus dem Geflecht unterschiedlicher Ansprüche und Erwartungen zu befreien, führen jedoch häufig zu einem unbedachten Aktionismus, der nicht selten einer Selbstsabotage gleichkommt. Konkret: Wer seine Arbeit vor sich herschiebt, muss – um einen bestimmten Termin zu halten – irgendwann doch Überstunden machen. Diese führen zur Erschöpfung, sodass sich angesichts nachlassender Konzentration Fehler einschleichen.

Nur wer souverän, das heißt eigenverantwortlich, überlegt und zielführend agiert, handelt letztlich authentisch – und ist weder auf bewusste noch unbewusste Formen der Selbstsabotage angewiesen. Voraussetzung dafür ist die Bereitschaft, Initiative zu ergreifen und sein Berufs- wie Privatleben aktiv zu gestalten. Dies erfordert insbesondere:

- *Voraussicht*
  Wer ahnt, was auf ihn zukommt, kann versuchen, auf die absehbare Situation Einfluss zu nehmen. Dadurch können mögliche Fallgruben und Fettnäpfchen rechtzeitig erkannt werden und es wird möglich, durch Gegenmaßnahmen einer Selbstsabotage entgegenzuwirken.
- *Konsequenz*
  Das bedeutet, entschlossen und in Abwägung möglicher Risiken zu handeln. Wer die Erfolgs- wie Misserfolgsaussichten überschaut, kann auf selbstschädigende Denkmuster und Verhaltensweisen verzichten.
- *Stressresistenz*
  Wer sich nicht verstellt, kann aufgrund seiner Authentizität in schwierige Situationen geraten, ist aber

auch in der Lage, den daraus resultierenden Stress auszuhalten.

- *Verantwortungsübernahme*
  Das bedeutet, dem eigenen Urteil zu trauen und deshalb auch bereit zu sein, Verantwortung für die getroffenen Entscheidungen und deren Folgen zu übernehmen.
- *Zuversicht*
  Wer seine Stärken und Schwächen kennt, kann auf dieser Basis mit Realitätssinn und Selbstbewusstsein positiv in die Zukunft blicken.

Wer diese Anregungen aufgreift, hat beste Chancen, den verschiedenen Formen bewusster wie unbewusster Selbstsabotage vorzubeugen.

30 *Selbstsabotage ist nicht gottgegeben. Statt in einer Duldungsstarre zu verharren, gilt es, sein Leben aktiv und souverän zu gestalten. Voraussetzung dafür ist allerdings der unbedingte Wille zur Veränderung.*

4.2 Glauben Sie nicht alles, was Sie erwarten

Auf einen zunehmend komplexer werdenden Alltag können Menschen durchaus unterschiedlich reagieren: Während die einen die „Leichtigkeit des Seins“ zu ih-

rem Lebensmotto erklären und in den Tag „hineinleben“, sucht der überwiegende Teil eher nach Orientierung und Halt.
Dies ist auch der Grund, weshalb viele Menschen sachlichen Informationen eher unkritisch vertrauen. Sie gehen davon aus, Analysen und Befragungen, Berechnungen und Vergleiche werden ihnen schon helfen, die richtigen Entscheidungen zu treffen und den Weg zum Erfolg zu finden.
Doch Vorsicht: Nicht alle Zahlen, Daten und Fakten sind valide und verallgemeinerbar, manche sind sogar widersprüchlich. Mehr noch: Die Vielzahl der zur Verfügung stehenden Informationen und die Beliebigkeit ihrer Auswahl täuschen eine Gewissheit vor, die es so in unserem Alltag gar nicht geben kann.
Anders ist es nicht zu erklären, warum sich etwa die zahlreichen Versuche, das Bestmögliche zu erreichen – meist ungewollt –, in das Gegenteil verkehren: Diese Formen der Selbstsabotage reichen von unrealistischen Zielen über irrationale Entscheidungen und unvorteilhafte Verhaltensweisen bis hin zu nicht absehbaren Fehlern.
Deshalb gilt: Glauben Sie nicht alles, was Sie in einer Welt unterschiedlichster Empfehlungen und Erfahrungen, Informationen und Meinungen zu hören oder zu lesen bekommen!

Intuition hilft weiter

Als Erfolg versprechende Möglichkeit, einer solchen Konfusion zu entgehen, ist vor allem ein Mehr an Gelassenheit im Umgang mit Risiken und Ungewissheit zu empfehlen.

Wer sein Leben selbst in die Hand nimmt und seine Erfahrungen regelmäßig reflektiert, der spürt z.B. auch in schwierigen Situationen, was zu tun ist – ohne dies rational begründen zu können.

In diesem Sinne und in Ergänzung zu fachlich-sachlichen Kriterien spielt die als Bauchgefühl bezeichnete Intuition im Denken und Handeln vieler Menschen eine überraschend wichtige Rolle; und dies nicht nur bei der Berufs- und Partnerwahl.

Der Psychologe Gerd Gigerenzer (2007) spricht in diesem Sinne folglich auch von der erlernbaren Kunst, in einer Welt der Ungewissheiten und Widersprüche dennoch zu guten Ergebnissen zu gelangen. Auch er ist der Meinung: Lassen sich nicht alle Lebenssituationen anhand rationaler Gesichtspunkte beurteilen, so helfen Intuition und Improvisationsfähigkeit, abträgliche Entscheidungen zu verhindern.

Wer den in diesem Buch beschriebenen Schritten zur Vermeidung von Selbstsabotage gefolgt ist, dem ist durchaus zuzutrauen, dass er auch die „innere Stimme“ des unbewussten Erfahrungswissens nutzt, um seine Denkmuster kritisch zu hinterfragen und selbstschädigendes Alltagshandeln zu vermeiden.

Zugegeben, ein eher mühevolles Unterfangen. Dennoch – die hierzu erforderliche Suche nach Selbsterkenntnis war schon vor mehr als zweitausend Jahren für viele Menschen ein zentrales Thema. Sinngemäß brachte es der chinesische Philosoph Konfuzius (ca. 551 – 479 v. Chr.) wie folgt auf den Punkt:

„Es ist besser, ein kleines Licht zu entzünden, als über große Dunkelheit zu klagen!“

Selbstsabotage muss nicht sein; statt in einer Duldungsstarre zu verharren, gilt es, sein Leben aktiv und souverän zu gestalten. Wesentliche Erfolgsfaktoren dabei sind Voraussicht, Konsequenz, Stressresistenz, Verantwortungsübernahme und ein positiver Blick in die Zukunft. 30

Voraussetzung einer solchen Neuausrichtung bisheriger Denkmuster und Verhaltensweisen ist der unbedingte Wille zur Veränderung.

Andererseits stoßen sachlich-fachliche Argumente bei einer Klärung vieler Lebensfragen an ihre Grenzen. Deshalb sind auch Intuition und Improvisationsfähigkeit gefragt, um in einer Welt der Ungewissheiten und Widersprüche eigene Denkmuster kritisch zu hinterfragen und selbstschädigendes Alltagshandeln zu vermeiden.

Fast Reader

1. Das Phänomen Selbstsabotage

In Abgrenzung zur Sabotage – dem Versuch, bestimmte Ziele einer anderen Person zu verhindern – fasst die Selbstsabotage solche Denkmuster und Handlungsweisen zusammen, die der eigenen Person schaden und diese vom Erreichen selbst gesetzter Ziele bzw. persönlicher Erfolge abbringen. Anders formuliert: Selbstsabotage beschreibt Verhaltensweisen, die auftreten, weil Menschen sich gewollt oder ungewollt zu ihren Ungunsten entscheiden.

Eine ausgeprägte Neigung zur Selbstsabotage lässt sich anhand einschlägiger Denkmuster, Einstellungen und Verhaltensweisen festmachen. Sie aufzudecken ist ein erster Schritt, um Selbstsabotage entgegenzuwirken.

Gehen Sie deshalb den folgenden Fragen nach, um eine mögliche Neigung zur Selbstsabotage aufzudecken:

- ***Verspüren Sie einen starken Wunsch nach Aufmerksamkeit und Anerkennung?***
- ***Kommt es vor, dass Sie eine Situation über- oder unterschätzen?***
- ***Richten Sie Ihr Handeln an Glaubenssätzen und Ritualen aus?***
- ***Haben Sie eine Neigung zu ausgeprägter Selbstkritik?***
- ***Leiden Sie oft an übermäßiger Arbeitsbelastung?***
- ***Versuchen Sie oft, mithilfe gesundheitsschädigenden und risikoreichen Verhaltens abzuschalten und sich zu erholen?***
- ***Haben Sie schon oft Chancen einfach ausgelassen?***
- ***Gibt es Personen in Ihrem Umfeld, die möglicherweise einen ungünstigen Einfluss auf Sie ausüben?***

2. Möglichkeiten, sich selbst zu besiegen

Menschen, die sich und ihr soziales Umfeld falsch einschätzen, fehlt es oft an Erfahrung und Realitätssinn. Über- oder Unterschätzung bestimmter Personen oder Situationen ist die Folge.

Halt in Glaubenssätzen und Ritualen zu suchen, ist problematisch; Ausreden, Fehleinschätzungen, „Schubladendenken" und das Verfestigen von Vorurteilen sind die oft selbstschädigenden Konsequenzen.
Hinter dem übermäßigen Bedürfnis, zu gefallen, steckt in vielen Fällen der Wunsch, das eigene Selbstwertgefühl abzusichern. Führt dies jedoch zur Selbstverleugnung, so sind die Folgen selbstschädigend.
Eine weitere Ursache von Selbstsabotage kann in der Angst vor dem Erfolg liegen: Wer positive Erlebnisse nicht gewohnt ist, verbindet damit nämlich Rechtfertigungsdruck und Schuldgefühle. Dies führt zu „Aufschieberitis" und Self-Handicapping. Diese Verhaltensweisen verhindern nicht selten das Erreichen eigener Ziele und Erfolge.
Das Arbeitsleben bietet eine ganze Reihe von Versuchungen, sich selbst zu schädigen – so ist auch der Weg von einer Überidentifikation in die Arbeitssucht nicht weit.
Wer kein ausgeprägtes Selbstvertrauen hat, traut sich in der Regel nur wenig zu. Haben Menschen ihr Minderwertigkeitsgefühl sogar verinnerlicht, so kann es sein, dass sie im Sinne einer selbsterfüllenden Prophezeiung ihren eigenen Misserfolg herbeireden – und sich damit selbst sabotieren, indem sie auf diese Weise auch kleinste Erfolgserlebnisse verhindern.

30

Wenn Sie den vielen Varianten der Selbstsabotage entgehen wollen, sollten Sie vor selbstschädigenden Denkmustern und Verhaltensweisen auf der Hut sein. Deshalb:

- ***Versuchen Sie immer, Situationen realistisch einzuschätzen. Hören Sie dabei auch auf den Rat anderer.***
- ***Hinterfragen Sie Ihre Glaubenssätze und Rituale. Wollen Sie wirklich daran festhalten?***
- ***Hilfsbereitschaft ist eine Tugend – achten Sie jedoch darauf, dass Sie sich dabei nicht selbst verleugnen. Hören Sie auch auf Ihre „innere Stimme“.***
- ***Wenn Sie wichtige Aufgaben oft aufschieben oder durch Self-Handicapping versuchen, sich gegen fremde Ansprüche zu immunisieren, dann könnte die Angst vor dem Erfolg dahinterstecken.***
- ***Auch wenn Ihnen Ihre Karriere wichtig ist, so sollten Sie Ihren Berufsstress nicht zur Arbeitssucht werden lassen. Versuchen Sie nicht, entsprechenden Belastungen mit gesundheitsschädigenden Formen der Zerstreuung zu begegnen.***
- ***Wie steht es um Ihr Selbstwertgefühl? Sie sollten es stärken, denn es ist die Voraussetzung, um persönliche Lern- und Veränderungsprozesse auf den Weg zu bringen.***

3. Möglichkeiten, selbstsicher zu werden

Menschen, die zur Selbstsabotage neigen, kennen sich oft selbst nicht gut genug. Wüssten sie über ihre Denkmuster und deren Folgen Bescheid, so würden sie andere Handlungsoptionen wählen. Es ist deshalb wichtig, sich selbst (besser) kennenzulernen.
Selbstsaboteure müssen auch lernen, ein Selbstwertgefühl aufzubauen. Indem sie ihre Selbstachtung stärken, können sie das Vertrauen in die eigene Urteilskraft erhöhen und die Gefahr selbstschädigenden Verhaltens mindern.
Wer in den Sog negativer Denkmuster und ständiger Selbstzweifel geraten ist, tut sich schwer, diesen Teufelskreis wieder zu verlassen. Wird die Aufmerksamkeit auf positive Aspekte gelenkt, so kann ein Perspektivenwechsel gelingen, der zum Einstieg in eine Erfolgsspirale führt.
Defizite in den Bereichen Arbeitsorganisation, Kommunikation, Lernbereitschaft und Teamarbeit sowie im Umgang mit Konflikten und Belastungen sind häufig Ansatzpunkte destruktiven Verhaltens. Durch das Training und die Verbesserung entsprechender Kompetenzen lässt sich die Gefahr der Selbstsabotage minimieren.
Multitasking, Perfektionismus, und der Anspruch, alles alleine erledigen zu wollen, sind potenziell

selbstschädigende Orientierungsmuster. Besser wäre es, Prioritäten zu setzen, zu delegieren oder Nein zu sagen.

Selbstsabotage ist ein komplexes Phänomen – und deshalb reicht es nicht, diesem mit einer einzelnen Maßnahme zu begegnen. Wenn Sie jedoch mehrere Schritte verknüpfen, können Sie eine Erfolg versprechende Gegenstrategie entwickeln.

- ***Lernen Sie sich selbst besser kennen, um selbstschädigende Denkmuster aufzudecken und zu vermeiden.***
- ***Bauen Sie ein positives Selbstwertgefühl auf. Dieses basiert auf Selbstakzeptanz, Selbstverantwortung, Selbstbehauptung und Selbstregulation.***
- ***Wenn Sie Gefahr laufen, in einen Teufelskreis aus negativen Denkmustern zu geraten, dann wechseln Sie mithilfe positiver Gedanken bzw. Erinnerungen die Perspektive.***
- ***Verbessern und trainieren Sie gezielt Ihre sozialen Kompetenzen.***
- ***Lernen Sie, Prioritäten zu setzen, zu delegieren und Nein zu sagen. Pflegen Sie auch soziale Beziehungen, die Ihnen guttun.***

4. Selbstsabotage muss nicht sein: Eigeninitiative und Intuition helfen

Selbstsabotage ist nicht gottgegeben. Jeder hat es in der Hand, destruktive Denkmuster aufzudecken, zu hinterfragen und zu durchbrechen. Allerdings setzt dies den unbedingten Willen zur Veränderung voraus.
In einer Welt von Ungewissheiten und Widersprüchlichkeiten stoßen sachlich-fachliche Argumente zunehmend an ihre Grenzen. Daher sind Intuition und Improvisationsfähigkeit gefragt, um die eigenen Denkmuster kritisch zu reflektieren und durch eine angemessene Entscheidungsfindung selbstschädigendes Alltagshandeln zu vermeiden.

30 ***Selbstsabotage muss nicht sein. Verharren Sie nicht in einer Duldungsstarre, sondern gestalten Sie Ihr Leben aktiv und souverän! Die wesentlichen Erfolgsfaktoren dabei sind***

- ***Voraussicht,***
- ***Konsequenz,***
- ***Stressresistenz,***
- ***Verantwortungsübernahme und***
- ***ein positiver Blick in die Zukunft.***

Der Autor

Prof. (i. V.) Eberhard G. Fehlau, Dipl.-Psychologe, Dipl.-Soziologe, ist seit 1995 selbstständiger Berater für Unternehmen, Verbände und Verwaltungen sowie Coach für Entscheider aus Politik und Wirtschaft. Schwerpunkte seiner Arbeit sind dabei u.a. Themen aus den Bereichen der Organisations- und Personalentwicklung sowie des Veränderungsmanagements. Er ist Autor von rund 120 wissenschaftlichen Fachartikeln und journalistischen Fachbeiträgen sowie Lehrbeauftragter an mehreren Fachhochschulen und Fortbildungsakademien.

Kontakt: www.fehlau-consulting.de

Weiterführende Literatur

- Bock, Petra: Mindfuck. Warum wir uns selbst sabotieren und was wir dagegen tun können. München: Knaur 2011
- Carter-Scott, Chérie: Negaholiker: Der Hang zum Negativen. Wege aus der Selbstblockade. Frankfurt/M.: Campus 1992
- Freeman, Arthur/DeWolf, Rose: Die 10 dümmsten Fehler kluger Leute. Wie man klassischen Denkfallen entgeht. München: Piper 2009
- Gigerenzer, Gerd: Bauchentscheidungen. Die Intelligenz des Unbewussten und die Macht der Intuition. München: C. Bertelsmann 2007
- Geißler, Karlheinz A.: Alles hat seine Zeit, nur ich hab keine. Wege in eine neue Zeitkultur. München: Oekom 2011
- Goleman, Daniel: EQ. Emotionale Intelligenz. München: Deutscher Taschenbuch Verlag 2007[19]
- Kötter, Hans Ulrich: Handbuch der Unzufriedenheit. München: Piper 1999

- Luft, Joseph: Einführung in die Gruppendynamik. Stuttgart: Klett-Cotta 1990[6]
- Mummendey, Hans Dieter: Psychologie des „Selbst". Theorien, Methoden und Ergebnisse der Selbstkonzeptforschung. Göttingen: Hogrefe 2006[2]
- Richter, Horst-Eberhard: Flüchten oder Standhalten. Gießen: Psychosozial-Verlag 2012[5]
- Schmidbauer, Wolfgang: Das Helfersyndrom. Hilfe für Helfer. Rheinbek: Rowohlt Verlag 2007
- Seligman, Martin E. P.: Erlernte Hilflosigkeit. Weinheim: Beltz Verlag 1999
- Stroß, Rudolf: Die Kunst der Selbstveränderung. Kleine Schritte – große Wirkung. Göttingen: Vandenhoeck & Ruprecht 2009[2]
- Tschechne, Rainer: Die Angst vor dem Glück. Warum wir uns selbst im Weg stehen. München: LangenMüller 2003
- Watzlawick, Paul: Anleitung zum Unglücklichsein. München: Piper 2009[15]

Register